Bildnachweis

Unternehmensarchiv Axel Springer: 1-5, 8, 10-28, 30-32, 37, 43 (Lederer), 44 (Lederer), 47, 48, 51 (Stark), 52 (Croner), 53 (Stark), 56, 57, 58 (Kambach), 59, 61, Seiten 17, 51, 93, 271

Bergedorfer Zeitung: 6

Robert Heinrich: 7

Marianne Hübner: 9

Sven Simon: 35, 38, 50

Der Spiegel: 41

Friede Springer: 36, 45, 46, 55, 60, Seite 593

Stern/Blume: 34

ullsteinbild: 29, 33, 39, 40, 42, 49, 54, Seite 425

Peter Scholl-Latour

Zwischen den Fronten

Erlebte Weltgeschichte.
Mit zahlreichen Abbildungen

ISBN 978-3-548-37234-1
www.ullstein-buchverlage.de

Peter Scholl-Latour kennt die Welt wie kein Zweiter. Was ihn auszeichnet und seinen beispiellosen Erfolg begründet, sind die fast sechzigjährige Erfahrung als Chronist des Weltgeschehens, die profunde Kenntnis der Kulturen unserer Erde und die visionäre Kraft, mit der er kommende Entwicklungen heraufzubeschwören vermag. Jüngste Reisen nach China und Russland, in die USA und in den Nahen und Mittleren Osten nimmt Peter Scholl-Latour zum Ausgangspunkt, um die dramatischen Verschiebungen des weltweiten Machtgefüges zu schildern, deren Zeugen wir sind.

»Auf ganz unpolitologische Weise kommen scharfe politische Analysen zustande, die sich so spannend wie ein Abenteuerbericht lesen.« *FAZ*

»Er hat mal wieder recht behalten.« *Der Spiegel*

US311

ullstein

te in unserem Leben, die uns erschüttern, uns erstarren und verzweifeln lassen. Verluste gehören zum Leben dazu, aber damit umgehen zu können, ist ein Lernprozess, der nicht schmerzfrei ist. Wir verarbeiten Verlust zuallererst mit Trauer. Trauer trifft jeden Menschen, früher oder später, denn jeder Mensch erlebt Verluste. Die Trauer angesichts des Todes, angesichts des Verlustes eines geliebten Menschen ist die härteste Prüfung in unserem Leben, da dieser Verlust endgültig ist. Auch wenn der Tod eine „Erlösung" war oder das Verhältnis zum Verstorbenen belastet ist, so ist der Verlust trotzdem eine Konfrontation mit den existentiellen Fragen des Lebens und mit der Endlichkeit. Er belastet, psychisch und physisch. Wir können nicht beeinflussen, wie uns Verlust, Tod und Trauer belasten. In jedem Lebensalter, in allen Lebensumständen sind Menschen davon betroffen, und darum kann es auch kein allgemeingültiges Rezept für Trauerbewältigung geben. Aber wir können zum Beispiel aus der

Erfahrung anderer lernen, und wir können versuchen, neu auf die innere Stimme zu hören, die uns sagt, was uns guttut und welche Schritte zu tun sind.
Alles kommt zu seiner Zeit. Es kommt auch die Zeit, wo Neues aufblüht. Wenn schon die Natur im Herbst scheinbar stirbt und im Frühling zu neuem Leben erwacht, wie viel mehr können dann wir Menschen darauf hoffen, dass Gott auch uns aus dem Tod erwachen lässt und schon auf Erden aus dem Dunkel ans Licht führt.
In diesem Buch wurden Texte, Bibelworte und Gebete zusammengestellt, die Trauernde begleiten wollen. Die vier größeren Sinnabschnitte orientieren sich an der Unterscheidung von vier Trauerphasen, die bei einem Verlust durchlebt werden. Der Trauernde soll sich ganz frei fühlen, die Texte seiner entsprechenden Empfindung, seinem Bedürfnis nach auszusuchen. Neben mutmachenden Worten von bekannten Autoren sind auch Gebete, Texte aus der Heiligen Schrift und

einfühlende Gedanken zu jeder Trauerphase in den einzelnen Abschnitte enthalten. Nehmen Sie sich die Zeit, zur Ruhe zu kommen und Ihr Herz zu öffnen.

Der Verlust

Mit jedem Menschen ist etwas Neues in die Welt gesetzt, was es noch nicht gegeben hat, etwas Erstes und Einziges.

Martin Buber

Möge der geliebte Mensch,
von dem der Tod dich trennte,
dir immer in deinen Gedanken bleiben.
Ich wünsche,
dass du ihn gehen lassen konntest
mit dem Dank dafür,
dass ihr euch begegnet seid.
Möge in dir die Gewissheit wachsen,
dass du ihn wiedersehen wirst.
Und mögest du innewerden,
dass du eines Tages wieder ganz sein kannst –
bereichert um alles, was er dir gewesen ist.

Als Jesus die vielen Menschen sah, stieg er auf einen Berg. Er setzte sich, und seine Jünger traten zu ihm. Dann begann er zu reden und lehrte sie. Er sagte: Selig, die arm sind vor Gott; denn ihnen gehört das Himmelreich. Selig die Trauernden; denn sie werden getröstet werden. Selig, die keine Gewalt anwenden; denn sie werden das Land erben. Selig, die hungern und dürsten nach der Gerechtigkeit; denn sie werden satt werden. Selig die Barmherzigen; denn sie werden Erbarmen finden. Selig, die ein reines Herz haben; denn sie werden Gott schauen. Selig, die Frieden stiften; denn sie werden Söhne Gottes genannt werden. Selig, die um der Gerechtigkeit willen verfolgt werden; denn ihnen gehört das Himmelreich. Selig seid ihr, wenn ihr um meinetwillen beschimpft und verfolgt und auf alle mögliche Weise verleumdet werdet. Freut euch und jubelt: Euer Lohn im Himmel wird groß sein.

Matthäusevangelium 5,1-12a

Wie Gott tröstet

Das zentrale und mich bewegendste Wort biblischen Trostes steht bei Jesaja (66,13), wo Gott spricht: „Ich will euch trösten, wie einen seine Mutter tröstet." Gott erinnert uns an unsere Mutter. Hat sie nicht ihr Leben gewagt, um uns das Leben zu schenken? War nicht ihr Schoß der Zufluchtsort für uns ängstliche oder weinende Kinder? War sie nicht immer für uns da? Hatte sie nicht immer ein gutes, helfenden und tröstendes Wort? War es nicht ihre Hand, die Abend für Abend über unser Haupt strich; und ihre Gebete, die uns ins Leben hinaus begleiteten? Gott vergleicht sich mit der aufopfernden Mutter. Welche ein Bild!
Wie viel ist es wert, sich ganz einfach einmal fallen zu lassen! Sich in die Liebe Gottes hineinfallen zu lassen wie in die Arme eines liebenden Menschen. Hier findet man Gebor-

genheit statt Verlassenheit, Gemeinschaft mit Gott statt Einsamkeit mit sich selbst. Ich muss vor Gott nicht den starken Mann markieren, der ich ohnehin nicht bin. [...]
Gott jedenfalls kann ich wie Mutter oder Vater alle meine Wehwehchen bis hin zu den echten schweren Nöten bringen.

Peter Hahne

Spuren im Sand

Eines Nachts hatte ich einen Traum:
Ich ging am Meer entlang mit meinem Herrn.
Vor dem dunklen Nachthimmel erstrahlten,
Streiflichtern gleich,
Bilder aus meinem Leben.
Und jedes Mal sah ich
zwei Fußspuren im Sand,
meine eigene und die meines Herrn.
Als das letzte Bild an meinen Augen
vorübergezogen war,
blickte ich zurück.
Ich erschrak, als ich entdeckte,
dass an vielen Stellen meines Lebensweges
nur eine Spur zu sehen war.
Und das waren gerade
die schwersten Zeiten meines Lebens.
Besorgt fragte ich den Herrn:
„Herr, als ich anfing, dir nachzufolgen,
da hast du mir versprochen,

auf allen Wegen bei mir zu sein.
Aber jetzt entdecke ich,
dass in den schwersten Zeiten meines Lebens
nur eine Spur im Sand zu sehen ist.
Warum hast du mich allein gelassen,
als ich dich am meisten brauchte?"
Da antwortete er:
„Mein liebes Kind,
ich liebe dich,
und werde dich nie allein lassen,
erst recht nicht in Nöten
und Schwierigkeiten.
Dort, wo du nur eine Spur gesehen hast,
da habe ich dich getragen."

Margaret Fishback Powers

... dann wirst du das Gefühl der Leere kennen

Wenn du Gott in dein Leben einlässt, denke nicht, dass dein Herz immer voll von guten Ideen und erbauenden Gedanken erfüllt sein wird. Du musst auch das Gefühl der Leere kennen und die Leere erfahren. Daher fühlst du dich an manchen Tagen wie ein leerer, ausgetrockneter Krug, der zwar geben will, aber nichts zu geben hat. Aber deine Leere muss nicht immer etwas Schlimmes bedeuten. Sie kann mit Gott zu tun haben, und wer weiß, vielleicht ist sie sogar sein Werk? Bevor er in dich etwas hineingießt, bevor er dich neu beschenkt, will er dich dafür vorbereiten und dein Herz von dem befreien und ausleeren, was dort nicht hingehört. Die Erfahrung der Leere kann dir dabei helfen, mit dir selber abzurechnen und aufzuräumen, damit der Boden für etwas

Neues vorbereitet werden kann. Hab Mut zu der Leere und halte sie aus. Sie kann dich erneuern. Sie ist keine Krankheit. Sie ist oft der Vorbote dafür, dass Gott für dich etwas Neues vorbereitet hat. Warte und lass dich überraschen!

Andreas Pohl

Trost

Siehst du ein Menschenkind in Tränen,
verhaltnes Schluchzen in der Brust,
so wolle ja nicht, ja nicht wähnen,
dass du mit Worten trösten musst.
Vermeide es, ihn zu beraten;
geh weiter, aber sende dann
die Liebe, die in stillen Taten
ihm heimlich, heimlich helfen kann.
Berührt ein kalter Schall die Wunde,
so schmerzt er nur und heilt sie nicht;
der Trost wohnt nicht im leeren Munde,
er ist des Herzens tiefste Pflicht.
Vor einem Wort am rechten Orte
kehrt wohl der Harm beruhigt um,
doch wahrer Schmerz hat keine Worte,
und auch der wahre Trost ist stumm.

Karl May

Viele Menschen trifft das Schicksal unvorbereitet. Es muss nicht immer der plötzliche Tod eines geliebten Menschen sein, der sie aus der Bahn wirft. Unverhofft auftretende Krankheiten, ein enormer Wasserschaden im Haus, eine Familientragödie in der Verwandtschaft lösen panikartige Reaktionen aus. Nein, damit hatte man nicht gerechnet.

Gegen Tod und Schicksal ist kein Kraut gewachsen. Gegen familiäre Katastrophen kann man sich nicht wappnen. Doch etwas kann man tun: sich vergegenwärtigen, dass nichts in der Welt reibungslos und ohne Verlust geschieht, dass Not und Leid zum Leben gehören. Wer sich bei allem Erfolg, der ihn in den siebten Himmel heben mag, diese Einstellung zu eigen macht, wird die Rückkehr auf die Erde nicht wie einen Absturz ins Bodenlose empfinden. Zudem ist auch das Vertrauen auf Gottes Führung, selbst in ausweglos scheinenden Situationen, ein verlässliches Licht auf dem Lebensweg.

Hermann Multhaupt

„Ich bin immer bei dir“

Menschen waren immer in Situationen äußerster Bedrängnis. In vielen, vielen Situationen haben sie immer wieder gefragt: Ist Gott denn eigentlich noch da, ist er nur an guten Tagen da, ist er auch in diesen verzweifelten Situationen meines Lebens gegenwärtig? Und da gibt es in den Psalmen einige ganz kurze Zusagen Gottes an den betenden Menschen: „Ich bin immer bei dir!“ Wenn wir das Buch Ijob lesen, sehen wir, was es da an Erfahrung von Leid, an Protest gibt gegenüber diesem Wort! Doch es ist ein Wort, das sich immer wieder bewahrheitet. Und immer erfährt der betende Mensch des Alten Bundes, gerade auch in Zeiten besonderer Bedrängnis, der Verfolgung: Dieses Wort gilt nicht nur im Leben, sondern auch im Sterben, das gilt auch im Tod. „Du bist immer bei mir, auch jetzt.“

Aber das ist ein langer Weg des Glaubens, und man muss hindurchfinden zu dieser Erkenntnis. Es ist ein Ringen, manchmal ein richtiger Kampf, bis wir spüren, dass das ein Wort Gottes an den Menschen ist: „Ich bin immer bei dir."

Karl Kardinal Lehmann

„Schaut nicht auf das Kreuz! Schaut auf den Gekreuzigten!", sagt Thérèse von Lisieux. Denn im Kreuz ist Tod. In Jesus ist – noch am Kreuz – die Gewissheit, dass Gott uns im Tod nicht ins Nichts fallen lässt. Eine *Gewissheit*, die immer schon, bis in das letzte Abendmahl hinein, zum Kern der Frohbotschaft Jesu gehörte. Die Frauen am Grab müssen sich sagen lassen: „Was sucht ihr den Lebenden bei den Toten? Er ist nicht hier, sondern er ist auferstanden. *Erinnert euch an das, was er euch sagte*, als er noch in Galiläa war: Der Menschensohn muss den Sündern ausgeliefert und gekreuzigt werden, und *am dritten Tage wird er auferstehen*" (Lk 24,5-7). – In jüngerer Zeit ist es immer mehr Brauch geworden, der 14. Kreuzwegstation eine 15. hinzuzufügen. Damit wir beim Kreuz nicht stehenbleiben. Damit wir uns seiner *Gewissheit* erinnern.

Reinhard Körner

Viele überspringen heute die Trauer um geliebte Menschen. Sie stürzen sich in Geschäftigkeit, um dem Schmerz der Trauer aus dem Weg zu gehen. Doch die ungeliebte Trauer blockiert uns, sie setzt sich in unserem Herzen fest und hält uns davon ab, im Augenblick zu leben, sie hindert uns daran, dass das Leben in uns fließen kann. Bei jedem von uns gibt es Erfahrungen von Verlust und Abschied. Nur wenn wir den Verlust eines Menschen betrauern, kann neues Leben in uns wachsen. Nur durch die Trauer hindurch können wir eine neue Beziehung zu den Menschen aufnehmen, die uns verlassen haben.

Anselm Grün

Die Grablegung

Eine sterbliche Hülle,
so heißt es,
aber was war drin?
Die Psyche,
sagen die Psychologen,
die Seele,
sagen die Seelsorger,
die Persönlichkeit,
sagen die Personalchefs.

Dazu noch die Anima,
die Imago, der Dämon,
die Identität, das Ich,
das Es und das Überich.
Der Schmetterling,
der sich aus diesem Gedrängel
erheben soll,
gehört einer Art an,
von der wir nichts wissen.

Hans Magnus Enzensberger

Jedem von uns ist Ostern, seit er ein Kind ist, mit der Freude über den kommenden Frühling, mit all dem Glück, das uns die warme Sonne ins Herz legt, ein Fest geworden, das ihm ans Herz gewachsen ist, an dem er hängt mit mancherlei freundlichen Erinnerungen, von denen er sich nicht trennen möchte. Wer von uns möchte auch nur um einen Frühling seines Lebens ärmer sein?
Was heißt Auferstehung und was kann sie für uns bedeuten?
Das sind die alten Osterfragen, um deren Beantwortung zu ringen wir nun einmal nicht herumkommen, ohne eine Gedankenlosigkeit zu begehen. Es ist die überwältigende Tatsache des immer sich erneuernden Frühlings gewesen, die die Menschheit in aller Welt etwas erahnen ließ von einem Urkampf zwischen Finsternis und Licht, in dem nach hartem Ringen das Licht den Sieg davonträgt – aus dem dunklen Winter ist es Frühling geworden; jedes Jahr erneuert sich das ungeheure Schauspiel der Natur und weckt in der

Menschheit eine Ahnung von einer Auferstehungshoffnung; alles Dunkel muss endlich hell werden. Das ist ein Gesetz der Natur, ja, das Dunkel ist gar nicht eigentlich ein Wesen für sich; es besteht ja nur darin, dass das Licht nicht da ist, ein Strahl der Sonne vernichtet es. Und die Sonne kommt, kommt ganz gewiss, und mit ihr die Auferstehung der Natur. Im Tode der Natur liegen schon die Keime des Lebens.

Dietrich Bonhoeffer

Wir stoßen in den Himmel vor und finden dich nicht. Wir erforschen die Tiefen der Natur und stoßen immer nur auf Vergängliches.
Mit all unserem Suchen und Fragen sind wir auf einem Weg, der uns immer weiter von ihm wegführt. Gott ist nicht in dem, was uns fehlt, nicht in den Lücken unseres Daseins, nicht irgendwo im Ungewissen, nicht in irgendetwas, was wir zu brauchen meinen und dem wir gerne den Namen Gottes geben würden: Nein, Gott ist in dem, was uns bedrängt, vor dem ich nicht mehr ausweichen kann!
Gott ist im Unentrinnbaren unseres Daseins. Er ist in dem, wovor wir fliehen. Ich glaube, das ist eine erschreckende Realität. Mitten in unserem rastlosen Streben und Suchen nach Erfüllung unseres Lebens wird man von diesen Gedanken getroffen und herumgedreht. Wir werden gefragt, wo wir denn eigentlich hinwollen, ob das letzte Ziel unseres Lebens wirklich noch vor uns liegt oder nicht viel-

leicht schon hinter uns in etwas, vor dem wir auf der Flucht sind?

Joachim Kardinal Meisner

Trost ist wie eine lindernde Salbe auf einer Wunde. Trost ist wie eine Oase in einer unbarmherzigen Wüste, du kannst wieder glauben, dass das Leben weitergeht. Trost ist wie eine zärtliche Hand auf deinem Kopf, du kannst wieder ruhig werden, wieder hoffen. Trost ist wie ein gütiges Gesicht in deiner Nähe, bei dir ist jemand, der deine Tränen versteht, der auf dein gequältes Herz hört, der bei dir bleibt in deiner Angst und Verzweiflung und der dich hinweist auf ein paar Sterne.

Phil Bosmans

Mein Gott,
hast du mich für immer vergessen?
Wie lange noch verbirgst du dich vor mir?
Wie lange sollen mich Sorgen peinigen,
soll Wehmut Tag für Tag
an meinem Herzen nagen?
Wie lange darf sich eine Rebellion
gegen mich erheben?
Sieh mich doch wieder an, erhöre mich,
Allmächtiger, mein Gott!
Erleuchte meine Augen,
dass ich nicht im Tod entschlafe!
Damit meine Widersacher nicht prahlen:
„Den haben wir erledigt!"
und triumphieren über meine Unsicherheit.
Ich aber vertraue auf deine Liebe,
über deine Hilfe juble mein Herz!
Singen will ich dem Allerhöchsten,
der mir Gutes erwies.

Psalm 13

Über solches sollt ihr nicht erschrecken,
dass ihr solchen Trost nicht habt;
denn es ist ein elender, schlechter Trost,
der nicht länger dauert,
bis ein Fieber, eine Krankheit kommt,
so ist dieser weltliche Trost schon dahin.
Ich aber will euch
einen anderen Tröster schaffen,
den Geist der Wahrheit,
der euch dann trösten soll,
wenn ihr erschrocken, blöde,
elend und armselig seid,
beides vor den Leuten
und in eurem Herzen vor euch selbst.
Denn darum führt der Heilige Geist
den Namen,
dass er ein Tröster heißt
und nicht ein Betrüber.
Denn wo Traurigkeit und Betrübnis ist,
da ist der Heilige Geist, der Tröster,
nicht zu Haus.
Dieser Tröster heißt nun auch
ein Geist der Wahrheit,

denn er tröstet nicht wie die Welt,
bei der kein Bestand ist,
sondern sein Trost wäret ewiglich
und kann niemand betrügen.

Martin Luther

… dann wirst du die dunkle Nacht erfahren

Wenn du Gott in dein Leben einlässt, wirst du irgendwann auch die dunkle Nacht erfahren. Eines Tages kommt sie, und du bekommst den Eindruck, dass sich alles in dir wie verfinstert hat. Vieles ist farblos geworden, grau in grau, monoton. Was dir wichtig war und woran du dich orientiert hast, wurde dir belanglos, bedeutungslos, egal, und du kannst dich darüber nicht mehr freuen. Deine Sinne und Gefühle sind wie eingefroren, und beten kannst du auch nicht. Du weißt selbst nicht mehr, ob du noch glauben kannst und ob das, was du Glauben nennst, noch Glaube ist. Aber Gott hat sich nicht zurückgezogen, wenn es in deinem Herzen dunkel wird. In der dunklen Nacht stellt er nur deinen Glauben auf die Probe. Er möchte wissen, ob du glaubst, auch wenn du keine Gefühle spürst. Es ist dir leicht zu beten und zu glauben, wenn du in guter Stimmung bist. Aber du glaubst reifer und tiefer, wenn du glaubst, auch wenn du nicht glauben kannst. Jede Nacht hat einmal ein Ende. Auch deine. Halte sie aus. Am Ende deiner Nacht wird dein Glaube stärker sein.

Andreas Pohl

Darum geht es im Glauben. Das ist der Grund, warum ich Christ bin. Ich hänge am Leben. Mich beunruhigt die Tatsache meines Sterbens. Ich halte Ausschau nicht unbedingt nach Verbesserung meiner Lebensqualität! Aber ich halte Ausschau nach „richtigem“ Leben inmitten des „falschen“, wie ein moderner Philosoph es einmal gesagt hat. Ich halte Ausschau nach einem, der mich halten kann, wenn alle anderen mich loslassen müssen. Wie sagt es der Herr? „Ich bin die Auferstehung und das Leben. Wer an mich glaubt, wird leben, auch wenn er stirbt, und jeder, der lebt und an mich glaubt, wird auf ewig nicht sterben“ (Johannes 11,25f). Es gibt letzte Dinge und – vorletzte, wie es der evangelische Theologe Bonhoeffer einmal ausgedrückt hat. An den letzten Dingen dranbleiben heißt nicht, die vorletzten zu vernachlässigen. Im Gegenteil: Wer um den Himmel weiß, wird die Erde erst recht würdigen. Aber er wird sie nicht zum Himmel machen. Das geht meist nicht gut aus. Der

Glaube macht uns bescheiden. Er weiß, dass unser irdisches Leben Grenzen hat. Er macht uns aber unbescheiden, voll brennender Sehnsucht, wenn es ums Ganze geht, um mich selbst und um jene, die ich liebe.

Joachim Wanke

Windhauch, Windhauch, sagte Kohelet, Windhauch, Windhauch, das ist alles Windhauch.
Welchen Vorteil hat der Mensch von all seinem Besitz, für den er sich anstrengt unter der Sonne?
Eine Generation geht, eine andere kommt. Die Erde steht in Ewigkeit.
Die Sonne, die aufging und wieder unterging, atemlos jagt sie zurück an den Ort, wo sie wieder aufgeht.
Er weht nach Süden, dreht nach Norden, dreht, dreht, weht, der Wind. Weil er sich immerzu dreht, kehrt er zurück, der Wind.
Alle Flüsse fließen ins Meer, das Meer wird nicht voll. Zu dem Ort, wo die Flüsse entspringen, kehren sie zurück, um wieder zu entspringen.
Alle Dinge sind rastlos tätig, kein Mensch kann alles ausdrücken, nie wird ein Auge satt, wenn es beobachtet, nie wird ein Ohr vom Hören voll.
Was geschehen ist, wird wieder geschehen,

was man getan hat, wird man wieder tun: Es gibt nichts Neues unter der Sonne.
Zwar gibt es bisweilen ein Ding, von dem es heißt: Sieh dir das an, das ist etwas Neues – aber auch das gab es schon in den Zeiten, die vor uns gewesen sind.
Nur gibt es keine Erinnerung an die Früheren und auch an die Späteren, die erst kommen werden, auch an sie wird es keine Erinnerung geben bei denen, die noch später kommen werden.

Buch Kohelet 1,2-11

„Wir aber hatten gehofft …“, so hören wir schon die Jünger auf dem Weg nach Emmaus klagen. Ihre Hoffnung ist ins Leere gelaufen. Hat der Tod also doch das letzte Wort? „Wir aber hatten gehofft …“ In diesem Satz sammelt sich die ganze Klage derer, die vor den Trümmern ihrer Hoffnung stehen. Spiegelt sich darin nicht auch unsere eigene Klage wider? „Wir aber hatten gehofft …“ Jesus verurteilt diese Klage und diese Zweifel nicht. Sie dürfen sein. Sie gehören zur menschlichen Realität und Geschichte. Aber: Die Geschichte zeigt, dass es entscheidend darauf ankommt, in dieser Klage nicht „vor Anker zu gehen“. Wer vor den Trümmern seiner Hoffnung steht, ist in der Gefahr, nichts mehr zu sehen als den eigenen Schmerz. „Sie waren wie mit Blindheit geschlagen.“ Jesus lädt dazu ein, über den eigenen Horizont hinauszublicken. Als Auferstandener ist er immer bei uns – egal in welcher Situation. Er geht unsere Wege mit. Wir dürfen erkennen, dass unsere Erfahrungen von Tod, Verlust und Scheitern nicht das letzte Wort haben, …

Gerhard Feige

Gott speist uns nicht mit ein paar Floskeln aus der Trostschatulle ab: „Mach dir nichts draus!“ – „Nimm's nicht so tragisch.“ – „Es wird schon wieder werden ...“ Diese plumpe Vertröstung leistet sich Gott nicht. Eine Mutter tröstet doch nicht ihr leidendes Kind mit den drohenden Worten: „Sei still! Hör endlich auf zu weinen!“ Sie drückt es vielmehr an ihr Herz. Ihre Liebe, ihr Verstehen, ihre bloße Nähe werden Trost. Der körperliche Schmerz mag bleiben, aber das Kind ist doch getröstet, weil es sich geborgen weiß in der Liebe der Mutter.
Trost ist die Kraft, den Erschütterten zu stärken. Trost ist die Treue, mit der der Tröstende den Leidenden begleitet. Trost bekomme ich von dem, dem ich vertrauen kann. Im Englischen kennen wir das Verb „to trust“: vertrauen. Ein Mensch, der Gott kindlich vertraut, ist an der Quelle echten Trostes.

Peter Hahne

Aus tiefem Elend rufe ich zu dir,
dem Allerhöchsten!
Allmächtiger, höre meine Stimme.
Mögen doch deine Ohren
auf mein lautes Flehen achten.
Wenn du die Sünden anrechnest, Allweiser,
wer könnte bestehen?
Doch du gewährst Vergebung,
damit man dir in Ehrfurcht dient.
Ich hoffe auf Gott, es hofft meine Seele,
ich warte voll Vertrauen auf sein Wort.
Meine Seele harrt wartend
auf den Weltenschöpfer,
mehr als die Wächter auf die Morgenröte.
Mehr als die Wächter auf die Morgenröte
soll das Volk Gottes harrend
auf den Allherrscher warten.
Denn bei Gott ist wohlwollendes Erbarmen,
bei ihm ist Erlösung in Fülle.
Er wird sein Volk erlösen
von allen seinen Sünden.

Psalm 130

Für seine Hinwendung zu den Armen und Verlassenen, für seine verzeihende Güte den Sündern gegenüber, für sein Aufstehen gegen begrabenes Leben, für seine Art den Menschen zu begegnen, für seinen Weg Frieden zu schaffen: Dafür ist Ostern das Gütesiegel. Jesus lebt aus Gottes Kraft vorher und danach. Wer erkannt hat, dass die erlösende Botschaft vom neuen Leben aus Gott ungeahnte Kräfte freisetzt, der kann auch sein eigenes Leben einsetzen für die Menschen und ihnen zum Heil. Hier ist jeder eingeladen, sein eigenes Leben in die Hand zu nehmen und aus dieser Botschaft zu leben und Hoffnung zu schöpfen. Gott lässt uns ja nicht im Stich, wie er ja auch Jesus nicht im Grab gelassen hat. Mit dieser guten Botschaft können wir unser eigenes Leben und unsere Welt gestalten, können wir für mehr Gerechtigkeit und Frieden eintreten: Die Mächte des Todes werden nicht die Oberhand behalten, sondern die Kräfte des Lebens. Glaube gibt uns die Kraft zur Zukunftsgestaltung. Die christliche Religion macht uns zukunftsfähig im Leben und Zusammenleben. Der Glaube an die Auferstehung schenkt und ermöglicht uns Menschen wirkliche Zukunft: morgen und über alles hinaus.

Gebhard Fürst

... dann wird er zu dir sprechen

Unser Gott ist kein stummer Gott. Er spricht, weil er ein Gott der Beziehung ist. Und wer in Beziehung lebt, der hat immer ein Wort für den anderen.
Seine Worte sind mehr als humanistische Weisheiten und etwas anderes als erbauende Gedichte. Sie sind „Worte des ewigen Lebens" (Johannes 6,68). Wer auf die hört, wer sie beherzigt, den werden sie formen und verändern, denn sie sind „kraftvoll und schärfer als jedes zweischneidige Schwert" (Hebräerbrief 4,12).
Wenn du Sorgen hat, trösten sie dich. Bist du verzweifelt, geben sie dir Hoffnung. Stehst du vor Entscheidungen, weisen sie dir die Richtung. Und vieles mehr können sie in dir bewirken, wenn du Gott in deinem Herzen sprechen lässt, so wie er zu dir sprechen will. Wenn du Gott in dein Leben einlässt, wird er

zu dir sprechen. Er hat immer ein Wort für dich.

Andreas Pohl

Entweder
es ist kein Gott – und die Welt
ist Mechanik blinder Gewalten,
oder
Gott ist – und das All
ist gebettet in ihn.

Entweder
„Gott" ist reine Energie – und jedes Leben
ist Episode,
oder
du bist wer, Gott – und hinter allem
ist Wille und Sinn.

Entweder
du bist der kühle Weltregent – und alles
ist Schicksal, ist Lohn und Vergeltung,
oder
du bist der Abba-Gott Jesu – und wir
sind dir unglaublich viel wert.

Entweder
Jesus ist tot – und alles
blieb beim Alten,
oder
du, Gott, hast ihn aufgeweckt – er lebt,
und wir sterben – alle –
in dein Leben hinein.

Reinhard Körner

Ich sagte zu dem Engel,
der an der Pforte des neuen Jahres stand:
Gib mir ein Licht,
damit ich sicheren Fußes der Ungewissheit
entgegengehen kann!

Aber er antwortete:
Gehe nur hin in die Dunkelheit
und lege deine Hand in die Hand Gottes!
Das ist besser als ein Licht
und sicherer als ein bekannter Weg.

Aus China

Trost im Gebet

Herr Jesus, mein Herz und meine Hände sind leer. Nun kann ich deinen Schmerz am Kreuz erahnen. Du hast die Verlassenheit von deinem Gott und Vater erfahren und dein Leid hinausgeschrien.
Auch ich fühle mich verlassen, das Leben scheint gegen mich zu sein. In diese Leere hinein rufe ich meine Klage: Warum?
Herr Jesus, höre mein Rufen, verlass mich nicht. Fülle du mein Herz neu mit deinem Licht, mit deiner Nähe. Gib mir Ruhe und Gelassenheit, die richtigen Schritte zu tun. Hilf mir zu vergeben und loszulassen.
Mein Leben liegt in deinen Händen, auf dich vertraue ich.
Amen.

Zu wem sollte ich rufen, Herr,
zu wem meine Zuflucht nehmen,
wenn nicht zu dir?
Alles, was nicht Gott ist,
kann meine Hoffnung nicht erfüllen.
Gott selbst verlange und suche ich:
an dich allein, mein Gott,
wende ich mich, um dich zu erlangen.
Du allein hast meine Seele erschaffen
können,
du allein kannst sie aufs Neue erschaffen;
du allein hast ihr dein Bildnis einprägen
können,
du allein kannst sie umprägen
und ihr dein ausgelöschtes Antlitz wieder
eindrücken,
welches ist Jesus Christus,
mein Heiland, der dein Bild ist
und das Zeichen deines Wesens.

Blaise Pascal

Manchmal fällt es mir schwer zu beten.
Ich werde müde,
dich immer wieder anzurufen, o Gott.
Es kommt kein Echo.
Ich spüre deine Nähe nicht mehr.
Es ist, als ob du dich vor mir versteckst,
mich vielleicht auslachst.
weil ich dich nicht entdecke.
Doch nach Spiel ist mir eigentlich nicht
zumute.
Ich weiß, dass der Eindruck täuscht.
Aber mehr als mir immer wieder vorzusagen,
dass ich im Unrecht bin,
dass du niemals jemanden aufgibst,
vermag ich im Augenblick nicht.
Vielleicht bin ich zu ungeduldig.
Vielleicht genügt es nicht,
dich hundertmal zu bitten.
Vielleicht muss ich mich ständig
wiederholen,
bis ich mich verständlich machen kann.
So nimm heute Abend mein Schweigen,
Herr.

Meine Lippen sind trocken und leer.
Ich tröste mich mit dem Gedanken,
dass die Tage wieder heller werden
und das Dunkel, das mich umgibt,
sich in deiner Nähe verflüchtigt.
Amen.

Meine Ängste, Herr, sind wie ein Schrei.
sie sind wie ein Fels mit glatter Haut.
ohne Tritt und Halt.
Ich finde keine Worte, mich jemandem
anzuvertrauen,
Ohnmacht lähmt mich.
Befreie mich, Gott, aus meinen Ängsten.
Entbinde mich meiner Zweifel,
damit Vertrauen wachsen kann
und Zuversicht in die Lenkung meiner Wege.
Führe mich, Herr,
sei Wegweiser aus dem Ghetto
unseliger Gedanken,
und zeige mir einen Pfad,
den ich gehen kann.

Segne der Leidenden gebeugten Sinn,
der Menschen schwere Einsamkeit,
das ruhelose Sein, das Leid,
das keiner einem anderen je anvertraut.
Die Not der Menschen segne,
die zur Stunde sterben.
Gib ihnen, Gott, ein gutes Ende.
Segne die Herzen, Herr, die bitteren.
Vor allem gib den Kranken Linderung.
Lass auf der ganzen Erde niemanden in
Seelenot.

Edith Stein

Gott, ich will beten,
aber die Angst setzt sich neben mich
mit einer dunklen Melodie
und zerreißt mir meine Gedanken.
Gott, ich will beten,
aber die Traurigkeit
setzt sich auf mich wie eine Glasglocke
und nimmt mir die Luft zum Atmen.
Gott, ich will beten,
und der Zweifel bohrt sich in mich.
Gott, ich will beten,
doch: der Zweifel ist mein Gebet.

Ich habe keinen anderen Helfer als dich,
keinen anderen Erlöser, keinen anderen Halt.
Zu dir bete ich, nur du kannst mir helfen.
Die Not ist zu groß, in der ich jetzt stehe.
Die Verzweiflung packt mich an,
und ich weiß nicht mehr ein noch aus.
Ich bin ganz unten,
und ich komme allein nicht mehr hoch noch
heraus,
Wenn es dein Wille ist,
dann befreie mich aus dieser Not.
Lass mich wissen, dass du stärker bist
als alle Not
und alle meine Feinde.
O Herr, wenn ich durchkomme,
dann lass doch diese Erfahrung zu meinem
und dem Heile meiner Brüder beitragen.
Du verlässt mich nicht. Ich weiß das. Amen.

Aus Afrika

Siehe, Herr, Tränen gibt es schon,
solange es den Menschen gibt.
Aber diese Tatsache tröstet mich nicht, Herr.
Denn meine Tränen sind ein Ausdruck
meines Schmerzes, meiner Trauer,
meiner Wunden, meiner Verzweiflung.
Herr, darum möchte ich jetzt getröstet
werden – jetzt.

Lieber Gott!
Du weißt, was mich bedrückt.
Du siehst meine Angst.
Lass mich nicht allein.
Reich mir deine Hand
und führe mich in dein Licht.

Herr, heute sehe ich keinen Ausweg.
Resignation und Schwermut haben mich überfallen.
Ich bin ganz traurig und stehe ratlos da.
Mir erscheint alles so sinnlos
und vergeblich.
Ich bitte dich, Herr:
Sei du heute in meine Nähe!
Und das in jeder Stunde, in jeder Sekunde!
Halte mich fest, damit Zweifel und Angst
mich nicht erdrücken!
Du bist stärker als alles,
was mich bedrängen mag.
Bleibe immer bei mir! Amen.

Gott, ich spreche deinen Namen
in die Dunkelheit,
in das Dunkel meiner Angst,
in die Finsternis meiner Schuld,
in die Not meiner Fragen und Zweifel.
Gott, ich lege in diesen Namen
mein ganzes Vertrauen,
meine Hoffnung auf Geborgenheit,
meine Sehnsucht nach einem Du,
mein Verlangen, angenommen zu sein.
Gott, dein Name hat in mir
ein vertrautes Echo,
es antwortet in mir
meine Einsamkeit auf dich,
es antwortet in mir
meine Verlorenheit auf dich,
es antwortet in mir
mein kleines, armseliges Ich.
Denn frage ich nach mir,
so stoße ich auf dich,
verliere ich mich, so fehlst du mir.
Ich bin nicht ohne dich.

Aufbrechende Gefühle

Und wo wir sagen, unser Gefühl sei geteilt, dort sollten wir eher sagen, es sei noch nicht fertig oder wir seien noch nicht festgelegt.

Robert Musil

Die Zeit vergeht, aber die Erinnerung an den Tod eines Menschen holt uns immer wieder ein. Neue Gefühle kommen hoch, Zorn, Wut, vielleicht auch Schuldgefühle. Diese Momente, die mehrere Monate andauern können, sind nicht planbar oder zu beeinflussen, sie überwältigen uns. Gefühlsausbrüche übermannen uns, viele Tränen fließen, viele Fragen stellen sich neu, aber vor allem das „Warum?“. Warum musste dieser Mensch schon sterben? Warum auf diese Art? Warum konnten wir uns nicht verabschieden? Warum ist dieses oder jenes vorgefallen und warum kann ich es nicht mehr ändern …? Wichtig ist jetzt, sachlich zu bleiben, den Fragen Raum zu geben, aber sie stehen zu lassen und ihnen nicht weiter nachzugehen. Auf diese Fragen gibt es keine fertigen Antworten, vielleicht sogar überhaupt keine. Im Chaos der Gefühle können wir sowieso keine Antworten annehmen, das Einzige, was wir jetzt brauchen, ist Geduld, innere Ruhe und Orientierung. Eine Besinnung auf

die wesentliche Dinge: das eigene Leben und das der Mitmenschen nicht zu vernachlässigen. Die Welt dreht sich weiter, auch wenn es keinen Alltag mehr für uns gibt. Mit kleinen Schritten können wir aber eine neue Welt aufbauen, in der wir weiterleben. Auch mit dem Schmerz können wir weiterleben, selbst wenn wir darin keinen Sinn sehen. Wir können allmählich eine neue Struktur in den Alltag bringen, für die Menschen in unserem nächsten Umfeld da sein. Wir müssen bewusst haben: „Ich bin für andere wichtig!"
Der Schmerz wird bleiben. Er wird aber nicht unser Leben bestimmen, sondern ein Teil bleiben. Wir werden immer mit diesem Gedanken leben. Irgendwann werden sich die angesammelten Gefühle und Fragen in einen positiven Antrieb verwandeln. Geduld und Zeit werden den Weg dorthin öffnen.

Es ist das Herz, das Gott fühlt,
und nicht der Verstand.

Blaise Pascal

Worte, die beruhigen

Der Herr ist mein Hirte,
nichts wird mir fehlen.
Er lässt mich lagern auf grünen Auen
und führt mich zum Ruheplatz am Wasser.
Er stillt mein Verlangen;
er leitet mich auf rechten Pfaden,
treu seinem Namen.
Muss ich auch wandern in finsterer Schlucht,
ich fürchte kein Unheil;
denn du bist bei mir,
dein Stock und dein Stab
geben mir Zuversicht.
Du deckst mir den Tisch
vor den Augen meiner Feinde.
Du salbst mein Haupt mit Öl,
du füllst mir reichlich den Becher.
Lauter Güte und Huld
werden mir folgen mein Leben lang
und im Haus des Herrn
darf ich wohnen für lange Zeit.

Psalm 23

Es kann geschehen, dass der Trauernde aufgrund des Verhaltens seiner Umwelt das Gefühl bekommt, er müsse sich zusammenreißen. Es sei „nicht normal“, der Trauer Ausdruck zu geben, er müsse so schnell wie möglich den Übergang zum „ganz normalen“ Leben wieder vollziehen. Nein, jeder Mensch hat ein Recht auf Trauer. Trauer darf nicht nur, sie muss gelebt werden, wenn die Wunden der Seele wieder verheilen sollen. Wie bei einer körperlichen Wunde das Abfließen eines Wundsekrets Voraussetzung für den Heilungsprozess ist, so muss unsere Seele trauern, um zu genesen. Trauer kann sich nicht nur äußern im Weinenmüssen, in hilflosem Verstummen, sondern auch in Aggressionen und Anklagen. Alle Gefühle, so befremdlich sie uns auch anmuten mögen, haben ihre Berechtigung, sind Teil des inneren Prozesses, den wir nach einem Verlust zu bestehen haben.
[...] Wer Trauer zulassen kann, taucht ein in einen inneren Wandlungsprozess, der ihn in

eine neue Dimension des Lebens zu führen vermag.

Antje Sabine Naegeli

Ich wünsche dir Kraft und Mut,
die Steine aus dem Weg zu räumen.
Möge ein großer Turm daraus wachsen,
den du voller Freude besteigen kannst.
Und wenn du fällst,
mögen viele Arme sich dir entgegenstrecken,
um dich liebevoll aufzufangen.
Möge der Herr dich in seinen Armen bergen,
wo du in Sicherheit bist.
Dort brauchst du keine Angst zu haben.
Keiner weiß, was die Zukunft bringt,
aber Gott weiß es;
du kannst ihm vertrauen.
Möge er dir Kraft und Mut schenken,
und dich behüten heute, morgen
und allezeit.

Mondnacht

Es war, als hätt der Himmel
Die Erde still geküsst,
Dass sie im Blütenschimmer
Von ihm nun träumen müsst.

Die Luft ging durch die Felder,
Die Ähren wogten sacht,
Es rauschten leis die Wälder,
So sternklar war die Nacht.

Und meine Seele spannte
Weit ihre Flügel aus,
Flog durch die stillen Lande,
Als flöge sie nach Haus.

Joseph von Eichendorff

Der Trauer ihre Zeit geben

Warum ist das gescheh'n,
warum musstest du geh'n,
warum bin ich allein,
wo kannst du nur sein?
Wo ist deine Seele,
wo ist deine Liebe,
wo ist dein Herz,
was ist das für ein Schmerz?
Wieso gingst du von mir,
wieso bist du nicht hier,
wieso bist du gestorben,
hab ich dich verloren?
Wie wird es weitergeh'n,
wie kann ich's versteh'n,
wie soll ich ohne dich leben,
weshalb musstest du geh'n?
Weshalb bin ich allein,
weshalb hilft es, wenn ich wein',
weshalb bist du nicht mehr hier,

wann kommst du wieder zu mir?
Wann werden wir uns wiederseh'n,
wann der Schmerz, die Angst vergeh'n,
wann werd' ich versteh'n,
warum ist es gescheh'n?

Ich spüre meine Trauer
und gebe ihr Zeit und Raum ...

Sascha P. Veitl

Gott hat sein Ohr am Herzen des Menschen. Er will hören, was uns zu Herzen geht. Ihn hören zu lassen, was unser Herz denkt, das ist Beten. In jeder Messe sagt der Priester: „Erhebet die Herzen“, und die Mitfeiernden antworten: „Wir haben sie beim Herrn.“ Beten heißt, das Herz zu Gott erheben.

Wo ist mein Herz? Wie viele Fragen, Ängste, Hoffnungen bedrängen unsere Seele? Tausend Eindrücke, die vorbeihuschen und doch heimliche Spuren hinterlassen. Signale und Ansprüche, die aufschrecken und abstumpfen. Für manche ist „eine Meinung haben“ dasselbe wie „einen Glauben haben“. Glauben haben ist mehr als eine Meinung haben. Der Glaube kommt vom Hören, sagt die Bibel. „Hört, dann werdet ihr leben“, sagt Gott dem Propheten. Beten heißt, ein hörendes Herz haben. Beten ist Atmen der Seele im Vertrauen auf Gott, der unser Leben nicht aus seinem Blick entlässt.

Alois Schwarz

Der Tod trifft dich
mitten in deine Existenz
du bist verunsichert
und voller widersprüchlicher Gefühle

Das Sterben eines geliebten Menschen
stellt dich und das ganze Leben in Frage
du wirst zerbrechlich
und voller bedrohlicher Gedanken
All die gemeinsamen Erfahrungen
sterben mit – eure zärtlichen Zuwendungen
eure wohlwollende Konfliktbereitschaft
euer herzhaftes Lachen
eure Zeiten des gegenseitigen
Nicht-Verstehens

Begib dich hinein in diesen Sterbeprozess
erahne wie viele gemeinsame Erfahrungen
in dir weiterleben – mehr noch
dich auf jene tiefe Verbundenheit verweisen
die von der Kraft der Ewigkeit erzählt

Pierre Stutz

Der Tod ist groß.
Wir sind die Seinen lachenden Munds.
Wenn wir uns mitten im Leben meinen,
wagt er zu weinen mitten in uns.

Rainer Maria Rilke

… dann wird er dich in die Freiheit führen

Manchmal fühlst du dich wie im Gefängnis, eingesperrt von eigenen Ängsten und Zwängen, die das Leben in dir zum Ersticken bringen. Oft belastet dich Schuld, die du selber nicht gutmachen kannst. Dein Gewissen ist dabei nicht frei, und du spürst Gitter um dein Herz. Es gibt Dinge in deinem Leben, die dich so gefangen nehmen, dass du süchtig und abhängig von ihnen wirst. Es gibt auch Menschen, die so eine Macht über dich gewonnen haben, dass sie dich manipulieren und wie eine Marionette behandeln. Und nicht zuletzt gibt es auch die unguten Geister, die deine Seele manchmal so in Besitz nehmen, dass du ihr Sklave wirst. Du bist nicht mehr du. Du fühlst dich wie in einer fremden Herrschaft, fremdbestimmt, gefangen. Wenn du Gott in dein Leben einlässt, wird er dich davon befreien, erlösen, weil er gekommen ist, „die Gefangenen zu befreien“. Lass Gott die Mitte deines Lebens sein und gib ihm „grünes Licht“, dich zu führen. Er wird dich in die Freiheit führen, weil er ein Gott der Freiheit ist.

Andreas Pohl

Geborgen in Gottes Hand

Auch im Leid habe ich es noch mit Gott zu tun. Ich bin kein Spielball eines blinden Schicksals. Gottes Zusage gilt: „Fürchte dich nicht, denn ich habe dich erlöst; ich habe dich bei deinem Namen gerufen; du bist mein. Wenn du durch Wasser gehst, will ich bei dir sein, dass dich die Ströme nicht ersäufen sollen; und wenn du ins Feuer gehst, sollst du nicht brennen, und die Flamme soll dich nicht versengen“ (Jesaja 43,1.2). Geborgen zu sein in der Hand Gottes, das gilt gerade dann, wenn uns das Wasser bis zum Halse steht und der Kummer uns verzehren will.

Peter Hahne

Tröste dich, die Stunden eilen,
Und was all dich drücken mag,
Auch die schlimmste kann nicht weilen
Und es kommt ein andrer Tag.

In dem ew'gen Kommen, Schwinden
Wie der Schmerz liegt auch das Glück,
Und auch heitre Bilder finden
Ihren Weg zu dir zurück.

Harre, hoffe, nicht vergebens
Zählest du der Stunden Schlag:
Wechsel ist das Los des Lebens
Und – es kommt ein andrer Tag!

Theodor Fontane

Oft erfahren wir unsere Zeit als unerfüllt und leer. Wir hoffen, dass morgen, nächste Woche, nächsten Monat oder nächstes Jahr das eigentlich Wesentliche geschehen wird. Aber manchmal erfahren wir dann, wenn die Zeit stillzustehen scheint, wenn Vergangenheit, Gegenwart und Zukunft ineinanderfließen, wenn alles in diesem Augenblick und an diesem Ort gegenwärtig ist und Gott, wir und alles, was ist, zu einer vollkommenen Einheit werden: Es ist die Erfahrung der Zeit Gottes. „Als die Zeit erfüllt war, sandte Gott seinen Sohn, geboren von einer Frau" (Gal 4,4). Und in der Fülle der Zeit wird Gott „in Christus alles vereinen, alles, was im Himmel und auf Erden ist" (Eph 1,10). So ist die Fülle der Zeit die Zeit, in der wir Gott begegnen.

Henri J. Nouwen

Wie ein Hirsch
nach frischem Wasser lechzt,
so sehnt sich meine Seele nach dir,
mein Gott!
Meine Seele dürstet nach dir,
dem Gott meines Lebens.
Wann darf ich kommen
und dein Antlitz schauen?
Ich lebe nur noch von Tränen
bei Tag und bei Nacht;
den ganzen Tag fragt man mich:
„Wo ist nun dein Gott?“
Wenn ich an früher denke,
brennt es mir auf der Seele:
da zog ich in festlicher Schar
zum Haus des Allmächtigen,
da konnte ich jubeln und danken
in feiernder Menge.
Was bist du verstört, meine Seele,
und tobst in mir?
Beharrlich hoffe auf den Allerhöchsten,
denn ich werde ihm wieder danken können
für das Heil, das aus seinem Antlitz kommt.

Mein Gott, meine Seele ist verstört,
darum denke ich an dich, so ferne von dir,
im fremden Bergland an rauschenden
Quellen und Wildbächen.
Flut dröhnt auf Flut in tosenden Wasserfällen,
hinweg über mich wälzen sich wild bewegte
Wellen und Wogen.
Tagsüber möge mir der Allgegenwärtige
seine Gnade verleihen,
und nachts will ich singen und beten
zum Gott meines Lebens.
Allgewaltiger, mein Fels in der Brandung,
dich will ich fragen:
„Warum hast du mich vergessen?
Warum muss ich leiden,
warum dürfen Feinde mich quälen?"
Es dringt mir durch Mark und Bein,
wenn mich meine Bedränger
den ganzen Tag verhöhnen:
„Wo bleibt er denn, dein Gott?"
Was bist du verstört, meine Seele,
und tobst in mir?

Beharrlich hoffe auf den Allerhöchsten,
denn ich werde
ihm wieder danken können für das Heil,
das aus seinem Antlitz kommt.

Psalm 42

Von der sanften Geduld mit sich selbst

Die Sanftmut findet eine gute Anwendung uns gegenüber. Denn wir sollen auch gegen uns selbst nicht heftig und bitter sein. Wenn es auch ganz in der Ordnung ist, dass wir uns über unsere Fehler betrüben, so soll doch keine Bitterkeit, keine ärgerliche, verdrießliche Stimmung darüber in uns aufkommen. (...)
Wenn du in einen Fehler gefallen bist, so richte dein Herz mit freundlichem Zuspruch auf, verdemütige dich vor Gott in der Erkenntnis deiner Schwäche (...), aber mit gutem Mut und Vertrauen sollst du dich Gottes Barmherzigkeit überlassen. So geht alles viel leichter.

Franz von Sales

Von guten Mächten

Von guten Mächten wunderbar geborgen
erwarten wir getrost, was kommen mag.
Gott ist bei uns am Abend und am Morgen,
und ganz gewiss an jedem neuen Tag.

Von guten Mächten treu und still umgeben
behütet und getröstet wunderbar,
so will ich diese Tage mit euch leben
und mit euch gehen in ein neues Jahr;

noch will das alte unsre Herzen quälen,
noch drückt uns böser Tage schwere Last,
Ach Herr, gib unsern aufgeschreckten Seelen
das Heil, für das du uns geschaffen hast.

Und reichst du uns den schweren Kelch,
den bittern,
des Leids, gefüllt bis an den höchsten Rand,

so nehmen wir ihn dankbar ohne Zittern
aus deiner guten und geliebten Hand.

Doch willst du uns noch einmal Freude schenken
an dieser Welt und ihrer Sonne Glanz,
dann woll'n wir des Vergangenen gedenken,
und dann gehört dir unser Leben ganz.

Lass warm und hell die Kerzen heute flammen,
die du in unsre Dunkelheit gebracht,
führ, wenn es sein kann, wieder uns zusammen!
Wir wissen es, dein Licht scheint in der Nacht.

Wenn sich die Stille nun tief um uns breitet,
so lass uns hören jenen vollen Klang
der Welt, die unsichtbar sich um uns weitet,
all deiner Kinder hohen Lobgesang.

Dietrich Bonhoeffer

Möge dein Herz stets offen bleiben,
wenn böse Worte dich verletzen
und Schmerz den Blick verwehrt
auf andere Seiten jenes Menschen.
Auf dass du von Zuversicht
deine Augen öffnen kannst
und Frieden und Vergebung findest.

Ich bin der gute Hirt. Der gute Hirt gibt sein Leben hin für die Schafe. Der bezahlte Knecht aber, der nicht Hirt ist und dem die Schafe nicht gehören, lässt die Schafe im Stich und flieht, wenn er den Wolf kommen sieht; und der Wolf reißt sie und jagt sie auseinander. Er flieht, weil er nur ein bezahlter Knecht ist und ihm an den Schafen nichts liegt. Ich bin der gute Hirt; ich kenne die Meinen, und die Meinen kennen mich, wie mich der Vater kennt und ich den Vater kenne; und ich gebe mein Leben hin für die Schafe. Ich habe noch andere Schafe, die nicht aus diesem Stall sind; auch sie muss ich führen, und sie werden auf meine Stimme hören; dann wird es nur eine Herde geben und einen Hirten. Deshalb liebt mich der Vater, weil ich mein Leben hingebe, um es wieder zu nehmen. Niemand entreißt es mir, sondern ich gebe es aus freiem Willen hin. Ich habe Macht, es hinzugeben, und ich habe Macht, es wieder zu nehmen. Diesen Auftrag habe ich von meinem Vater empfangen.

Johannesevangelium 10,11-18

... dann wirst du still werden und schweigen

Wenn du Gott in dein Leben einlässt, wenn du ihm erlaubst, dich in deinem Herzen zu berühren, wirst du still werden und schweigen. Du wirst still sein, weil dich die Berührung Gottes sprachlos und betroffen macht. Du wirst still sein, um in der Tiefe des Herzens zu begreifen, was Gott an dir getan hat. Du wirst still sein und schweigen, weil du dich selbst neu entdeckst. Du bist nicht mehr wie vorher: Du bist anders, du bist neu, du bist von Gott berührt. Du brauchst die Stille, um es auszukosten. Du brauchst die Ruhe, um zu beten, Gott zu loben und ihm zu danken. Und es wird dir nicht immer danach sein, einem anderen zu erzählen, was Gott an dir getan hat. Es ist dein Geheimnis und sein Geheimnis. Über Geheimnisse spricht man nicht. Man behütet

sie in Stille, damit sie Geheimnisse bleiben.
Sie dürfen nicht zerredet werden.

Andreas Pohl

Wehe, wohin sind alle meine Jahre entschwunden! Habe ich mein Leben geträumt oder ist es wirklich gewesen? Wovon ich immer glaubte, es wäre, war das alles Wirklichkeit? Demnach habe ich geschlafen und weiß es nicht einmal.

Nun bin ich erwacht, und alles, was mir einst wie meine Hand vertraut war, kenne ich nicht mehr. Die Menschen und das Land, in dem ich als Kind erzogen worden bin, die sind mir fremd geworden, gerade als sei es nicht wahr gewesen. Die meine Gespielen waren, die sind nun träge und alt. Umbrochen ist das Feld, gerodet ist der Wald. Flösse nicht das Wasser, wie es ehdem geflossen, fürwahr, ich möchte glauben, mein Leid würde wahrlich groß.

Mancher grüßt mich lässig, der mich früher gut kannte. Überall ist die Welt voller Mühen und Plagen. Wenn ich an so manche herrlichen Tage zurückdenke, die mir entglitten sind wie ein Schlag ins Meer, immerdar: o weh! ...

Das bekümmert mich tief, lebten wir früher doch so glücklich, dass ich jetzt mein Lachen mit Weinen vertauschen muss. Sogar die Vögel in der Wildnis trauern um uns.
Ist es da ein Wunder, wenn ich mich nicht mehr freuen kann? Aber ach, was rede ich Narr schon in meiner Erregung? Wer irdischem Glück nachjagt, der hat das himmlische verloren, immerdar: o weh!

Walter von der Vogelweide

Nach vorne denken

Die anklagende Frage „Herr, warum?“ führt zu namenloser Qual. Wenn ich aber frage: „Wozu, Herr?“, blicke ich nach vorn, weg von meiner Situation. Ich frage nicht mehr: „Herr, warum lässt du das zu?“, sondern: „Was hast du damit vor?“

Wer nur noch nach dem Warum fragt, der gerät in Schwermut, Depression und Resignation. Er frisst alles in sich hinein. Viele geraten so in die Nähe des Selbstmordes. Da zerbricht einem der Lebenswille. Psychologen sprechen von der „egozentrischen Struktur“ des Menschen. Ich sehe nur noch mich, denke nur noch an mein hartes Schicksal und lassen alle quälenden Fragen nur um mich kreisen. So ist man weder offen für Auswege noch für mögliche Sinndeutungen des Leides.

Wer so denkt, bereitet sich selbst die Hölle auf Erden. „Hölle, das ist die Reduzierung des Menschen auf sich selbst" (Heinrich Kremer). Hölle: Nur noch ich, sonst nichts mehr. Für Gott ist kein Platz. Höchstens in der Anklage des „Warum?". Wer aber nach dem Wozu fragt, der behält Gott im Blick. Und diese Blickrichtung dürfen wir nicht verlieren, sonst bringen wir uns selbst um.

Peter Hahne

Mein Schutzengel

Er bewahrt nicht nur meinen Leib
und mein Leben;
Das wäre zu wenig –
obwohl das schon sehr viel bedeutet.
Er ist auch die Stimme Gottes,
die mich anspricht und oft in mir wohnt –
wenn ich es nur zulasse.

Mein Schutzengel hilft mir,
nicht nur mit dem Verstand zu denken,
sondern auch mit dem Herzen,
mit meiner Seele zu empfinden,
um dann die richtigen Entscheidungen
zu treffen.

Mein Schutzengel wird mir
zum inneren Meister.
Er schärft meine Empfindungen
für gute Menschen

und warnt mich vor schlimmen Leuten.
Er führt mich „auf rechter Straßen
und leitet mich aus finsteren Tälern“.
Er drängt sich nicht auf,
aber er reagiert auf Anrufung.

Mein Schutzengel
übermittelt mit Botschaften:
„Gott lässt dich nicht allein!“
und „Gott schütze dich.“
Manchmal aber schüttele ich mit dem Kopf
über seine ungewöhnlichen Eingebungen;
Eingebungen,
die sich hinterher als die besten erweisen,
weil sie mich aus dem Einerlei herausheben.

Mein Schutzengel teilt mir mit,
was als GROSS und was als KLEIN
zu gelten hat;
was den Hauch der Ewigkeit atmet,
was kurzatmig und vorläufig ist
und was für mich wenig Bestand hat.

Mein Schutzengel
drängt sich nicht auf,
mischt sich nicht ungebeten ein.
Wenn ich aber bete,
ihn bitte in Gedanken, Worten und Gesten,
dann ist er für mich da und behütet mich.
Besonders die kleinen Leute umsorgt er,
die einfachen, die kleinen
und die großen Kinder –
zu denen ich „Gott sei Dank!“ auch gehöre.

Uwe Seidel

Gott halte seine Hand über dir,
wenn die Klippen steil und
der Grund nicht mehr sichtbar ist.
Gott halte seine Hand über dir,
wenn die Nacht trostlos und
undurchdringbar ist.
Gott halte seine Hand über dir
auf dem Weg, den du gehst.
Gott halte seine Hand über dir.

Es ist die Ursehnsucht jedes Menschen und der Menschheit, dass alles gut ausgeht. Das Osterfest sagt: Bei Jesus ist trotz allen Unheils in seinem Leben und Sterben alles gut ausgegangen. […] Ostern schafft die Enttäuschungen und Unheilserfahrungen nicht aus der Welt; aber es unterläuft sie, nimmt ihnen ihr Übergewicht, ihre alles bestimmende Dominanz, ihre Vorherrschaft und Endgültigkeit. Ostern nimmt vor allem dem Tod den Stachel des totalen Scheiterns, der Vergeblichkeit, der Vernichtung […] Seit Ostern und durch Ostern gehen die Uhren anders. Nichts ist mehr wie vorher. Die Auferstehung Jesu gibt allen und allem ein österliches Vorzeichen, macht alle Zeit zur Osterzeit. Der Glaube an Jesus Christus, die Gemeinschaft mit Jesus Christus, das Leben und Sterben nach dem Vorbild Jesu, das Leben und Sterben mit Jesus und wie Jesus: Das ist die Garantie dafür, dass meine angeborene Ostersehnsucht und Osterhoffnung Recht hat und Recht bekommt; nicht ins

Leere geht, vielmehr mehr als alles andere mein Leben bestimmen darf und muss.

Anton Schlembach

Sei gnädig, Weltenschöpfer, rette mich,
eile mir zu Hilfe!
In Schmach und Schande werden fallen,
die mir nach dem Leben trachten,
die mein Unglück wünschen,
werden sich beschämt zurückziehen.
In ihrer Schande werden erstarren,
die hämisch rufen: Recht so!
Es sollen jubeln und sich freuen
über dich alle,
die dich suchen!
Die dein Heil lieben, sollen immerzu rufen:
„Der Allgewaltige ist groß!“
Bin ich auch elend und arm,
der Allgegenwärtige wird für mich sorgen,
mein Helfer und Retter bist du, mein Gott,
zögere nicht!

Psalm 70

Ruhe im Gebet

Herr, ich habe nichts im Griff. Alles hat mich im Griff. Meine Gefühle haben die Oberhand gewonnen. Meine Tränen kommen unvermittelt, Unruhe packt mich, wenn es still wird. Du Gott des Lebens, sei mein Fels, meine schützende Burg, meine Ruhe im Chaos. Sei du mein Wegweiser, wenn ich orientierungslos bin.
Hilf mir meine Gedanken und Gefühle zu ordnen und zu verstehen. Steh mir bei und allen, die mit mir sind und nicht wissen, wie sie mit mir umgehen sollen. Gib mir Kraft, über den Dingen zu stehen und mich nicht fortreißen zu lassen wie ein Blatt im Sturm. Führe und leite mich. Amen.

Den tiefen Frieden im Rauschen der Wellen
wünsche ich dir.
Den tiefen Frieden im schmeichelnden
Wind wünsche ich dir.
Den tiefen Frieden über dem stillen Land
wünsche ich dir.
Den tiefen Frieden unter den leuchtenden
Sternen wünsche ich dir.
Den tiefen Frieden vom Sohne des Friedens
wünsche ich dir.

Nichts soll dich ängstigen,
nichts dich erschrecken.
Alles geht vorüber. Gott allein bleibt derselbe.
Alles erreicht der Geduldige,
und wer Gott hat, der hat alles.
Gott allein genügt.

Hl. Teresa von Ávila

Herr, dein Geist ist so gut
und lieblich in allen Dingen,
du bist so barmherzig,
dass nicht nur das Heil,
sondern sogar das Unheil,
das über deine Auserwählten kommt,
eine Wirkung deiner Barmherzigkeit ist:
Erweise mir die Gnade,
dass ich nicht wie ein Heide handle
in dem Zustand,
in den deine Gerechtigkeit mich versetzt hat;
dass ich wie ein wahrer Christ
dich als meinen Vater
und meinen Gott erkenne,
in welcher Lage ich auch sein mag,
denn die Veränderung meines Zustandes
verändert den deinen nicht:
Du bist immer der Gleiche,
ob auch ich ein Opfer der Veränderung bin;
du bist nicht weniger Gott,
wenn du heimsuchst und strafst,
als wenn du tröstest und Nachsicht übst.

Blaise Pascal

Komm, Herr Jesus,
und erfreue uns durch deine
göttliche Gegenwart!
Wir bedürfen des Rates, der Hilfe
und des Schutzes.
Komm und heile unsere Blindheit,
komm und hilf unserem schwachen Wesen.
Komm, du Glanz der göttlichen Herrlichkeit,
Gottes Kraft und Gottes Weisheit!
Wandle unsere Nacht zum Tag,
schütze uns vor Gefahr,
erleuchte das Dunkel,
stärke den Mut,
führe uns treu an deiner Hand
und leite uns nach deinem Willen
von dieser vergänglichen Welt
in die ewige Stadt,
die du selbst gegründet und erbaut hast.

Bernhard von Clairvaux

Heiliger Geist,
mache mich stark, wenn ich schwach bin;
mache mir Mut, wenn ich ängstlich bin;
baue mich auf, wenn ich hoffnungslos bin.
Heiliger Geist, begeistere mich,
dass ich Feuer und Flamme bin,
wo Gleichgültigkeit herrscht;
dass ich Sturm bin,
wo Langeweile sich breitmacht;
dass ich Sonne bin,
wo Traurigkeit überhandnimmt.

O Gott,
wir maßen uns nicht an, dir zu unterstellen,
dass du uns überhörst
unter dem Eindruck der Vergeblichkeit,
angesichts der Hoffnungslosigkeit,
angesichts der Verzweiflung,
die manchmal über uns kommen,
wenn unsere Gebete
ohne Nachhall verklungen sind.
Unsere Gebete haben oft die Ungeduld
des Kindes, das den Augenblick lebt
und nicht an die späteren Stunden
und an das Morgen denkt.
Doch du überblickst unser ganzes Leben,
du siehst über unser Leben hinaus.
Lehre uns die Zuversicht,
dass du es gut mit jedem von uns meinst.
Zeige uns, dass unsere Bitten den eigenen
Vorstellungen von unserer Zukunft
manchmal im Wege stehen,
doch nie deinem göttlichen Ratschluss.
Lass uns erkennen, dass du immer
auf unserer Seite bist. Amen.

In dieser Stunde, Herr,
hilf mir, dass ich vorwärts schaue
und nicht über Vergangenes klage.
Hilf mir, dass ich das Gute sehe,
das ich tun kann,
die Hilfe, die ich anbieten kann,
die Liebe, die ich zu schenken vermag.
Während ich mich gräme über mich selbst,
gibt es Menschen,
die auf meine Güte warten.
Herr, hilf mir,
dass ich gebe und mich verschenke,
dass ich aufbreche in ein erneuertes Leben.

Suchen
und Finden

Alle Veränderungen, sogar die meistersehnten, haben ihre Melancholie. Denn was wir hinter uns lassen, ist ein Teil unserer selbst. Wir müssen einem Leben Lebewohl sagen, bevor wir in ein anderes eintreten können.

Anatole France

Jede zwischenmenschliche Beziehung ist einzigartig, so wie jeder Mensch einzigartig ist. Nach dem Tod eines nahestehenden Menschen ist ein Platz leer, der auch nicht wieder gefüllt werden kann. Jeder Mensch trauert anders und verarbeitet die erlebten Ereignisse anders. Auch die gemeinsame Zeit, als der Verstorbene noch lebte, wird unterschiedlich betrachtet. Die Sichtweise kann sich ändern. Zu Beginn sehen wir die Dinge vielleicht verklärt, idealisiert oder nur negativ. Mit der Zeit gehen wir den Dingen auf die Spur, durchleben noch mal jedes kleinste Detail aus unserer Erinnerung und versuchen so, dem verlorenen Menschen und dem, was wir scheinbar verloren haben, wieder näherzukommen. Es sind so viele Geschichten, dass wir ganze Bücherregale damit füllen könnten. Erinnerungsstücke erzählen von Hobbys, Wettbewerben, Geburtstagen und anderen besonderen Anlässen. Der geliebte Mensch ist tot, aber nicht das, was er gelebt hat, nicht das, was wir gemeinsam erlebt haben. Mit dieser Erinnerung leben wir weiter. Die Erinnerung wird Erinnerung bleiben, das müssen wir akzeptieren. Nichts davon kann wiederholt werden. Wenn wir das erkannt haben und loslassen, dann treten wir in eine neue Freiheit ein. Wir leben weiter mit dem Verlust eines geliebten Menschen, aber wir haben ihn ziehen lassen und beschreiten nun neue Wege, vielleicht sind es Wege, die auch der Verstorbene gewählt hätte.

Unser Leben muss weitergehen. Aber es geht nicht ohne unser entschiedenes Ja weiter. Es kann sein, dass wir vorerst keinen Sinn darin sehen oder keine Kraft haben, dieses Ja zu sagen.

Und vielleicht besteht der Lebenssinn nur darin, den Sinn zu suchen. Aber eine Suche birgt immer schon etwas Verheißungsvolles in sich. Suchen heißt auch Hoffen. Wir bestimmen, in welcher Richtung wir suchen. Es heißt auch „Der Weg ist das Ziel" – im Suchen finden wir uns, finden wir das, was uns gerade am wichtigsten ist. Wenn wir das Herz öffnen, dann werden uns auch viele Wege eröffnet. Wir müssen aber keine Angst haben, einen falschen Weg zu wählen. Nur unsere Entscheidung für den nächsten Schritt im gegenwärtigen Augenblick zählt. Die Welt ist nicht nur schwarz-weiß, es gibt jetzt nicht die falsche oder richtige Entscheidung. Es gibt nur das Jetzt und das Leben und all die Menschen und Beziehungen, die zu unserem Leben dazugehören.

Der Mensch, den wir liebten, ist nicht mehr da, wo er war, wohl aber überall, wo wir sind und seiner gedenken.

Aurelius Augustinus

Worte, die Mut machen

Wenn ich in den Sprachen der Menschen und Engel redete, hätte aber die Liebe nicht, wäre ich dröhnendes Erz oder eine lärmende Pauke.
Und wenn ich prophetisch reden könnte und alle Geheimnisse wüsste und alle Erkenntnis hätte; wenn ich alle Glaubenskraft besäße und Berge damit versetzen könnte, hätte aber die Liebe nicht, wäre ich nichts.
Und wenn ich meine ganze Habe verschenkte und wenn ich meinen Leib dem Feuer übergäbe, hätte aber die Liebe nicht, nützte es mir nichts.
Die Liebe ist langmütig, die Liebe ist gütig. Sie ereifert sich nicht, sie prahlt nicht, sie bläht sich nicht auf.
Sie handelt nicht ungehörig, sucht nicht ihren Vorteil, lässt sich nicht zum Zorn reizen, trägt das Böse nicht nach.
Sie freut sich nicht über das Unrecht, sondern freut sich an der Wahrheit.
Sie erträgt alles, glaubt alles, hofft alles, hält allem stand.

Die Liebe hört niemals auf. Prophetisches Reden hat ein Ende, Zungenrede verstummt, Erkenntnis vergeht.
Denn Stückwerk ist unser Erkennen, Stückwerk unser prophetisches Reden;
wenn aber das Vollendete kommt, vergeht alles Stückwerk.
Als ich ein Kind war, redete ich wie ein Kind, dachte wie ein Kind und urteilte wie ein Kind. Als ich ein Mann wurde, legte ich ab, was Kind an mir war.
Jetzt schauen wir in einen Spiegel und sehen nur rätselhafte Umrisse, dann aber schauen wir von Angesicht zu Angesicht. Jetzt erkenne ich unvollkommen, dann aber werde ich durch und durch erkennen, so wie ich auch durch und durch erkannt worden bin.
Für jetzt bleiben Glaube, Hoffnung, Liebe, diese drei; doch am größten unter ihnen ist die Liebe.

1. Korintherbrief 13

Es gibt Erfahrungen, die lassen sich nicht übernehmen, die muss jeder selbst machen. Gute Ratschläge anderer nutzen da nichts. Das Leid und sein Bruder, der Schmerz, gehören zu jedem Lebensweg, und oft zwingen sie in die Knie. Solche Augenblicke sind der Nährboden für Verzweiflung und Selbstaufgabe, aber der Mensche kann jenseits des dunklen Tales auch einen Lichtstreif am Horizont sehen und in seiner Seele zu wachsen beginnen und weise werden. Aber das ist oft ein qualvoller und von Rückschlägen bedrohter Weg. Wichtig ist, dass man gewillt ist, ihn zu gehen, und die Füße überlistet, wenn die Schritte zu stocken beginnen.

Hermann Multhaupt

Die große Dürre kam über das Land im Süden der weiten Wüste. Das Steppengras verbrannte, und die Tiere suchten vergebens nach Wasser. Die Brunnen waren ausgetrocknet, die Flüsse längst versiegt. Selbst die dicken Palmen und Kakteen verdursteten unter der alles versengenden Sonne.

Nur eine einzige winzige Blume war noch nicht verwelkt. Sie blühte dicht neben einer kleinen Quelle.

»Wozu gebe ich mir solche Mühe um diese winzige Blume, wo doch ringsherum selbst die größten Bäume sterben«, sagte die Quelle und war dem Verzweifeln nahe.

Da beugte sich die alte Palme zu der Quelle herab und sagte, ehe auch sie starb:

»Kleine Quelle, niemand erwartet von dir, dass du die ganze Wüste zum Blühen bringst. Wenn dein Wasser nur dieser winzigen Blume das Leben gibt, so hast du deine Aufgabe erfüllt.«

Aus Afrika

Ein Teppich namens Leben

Unser Leben ist wie ein riesengroßer Teppich. An ihm wird ständig gewebt und gearbeitet. Farben und Fäden werden zu einem Muster zusammengefügt. Jedoch ist das Problem, dass wir diesen Teppich nur von der Rückseite sehen. Und da sieht er hässlich aus. Die Farben passen oft nicht zusammen, das Muster scheint nicht zu stimmen, und überall hängen Fäden heraus. Ein Teppich von der Rückseite: Ein abstoßendes Bild. Keiner würde sich ein solches Exemplar in die Wohnung legen. Bis an unsere Todesgrenze sehen wir unseren Lebensteppich nur von der Rückseite. Dann aber, im Licht der Ewigkeit, wird er umgekehrt sichtbar. Und plötzlich fällt es uns wie Schuppen von den Augen: Es ist ein farbenprächtiges, herrliches und sinnvolles Muster. Die Hässlichkeit der Rückseite mag uns noch so sehr

verwirrt haben. Mit einem Mal haben wir ein sinnvolles Ganzes vor uns.
Am Ende unseres Lebens werden wir feststellen, dass selbst Trauer und Tränen, Leid und Not nur Umwege waren zu Gottes herrlichem Ziel. Wer von der quälenden Warum-Frage zur befreienden Wozu-Frage aufbricht, der betritt das Neuland der Verheißungen Gottes. Er darf gewiss sein, dass sich einmal alle verworrenen Fäden lösen.

Peter Hahne

Mein liebes Kind, Ade!
Ich konnt' Ade nicht sagen,
Als sie dich fortgetragen,
Vor tiefem, tiefem Weh.

Jetzt auf lichtgrünem Plan
Stehst du im Myrtenkranze
Und lächelst aus dem Glanze
Mich still voll Mitleid an.

Und Jahre nah'n und geh'n,
Wie bald bin ich verstorben –
O bitt' für mich da droben,
Dass wir uns wiedersehn!

Joseph von Eichendorff

Du brauchst Gott weder hier noch dort
zu suchen,
er ist nicht weiter als vor der Tür
des Herzens;
dort steht er und harrt und wartet,
wen er bereit findet, dass er ihm auftue
und ihn einlasse.
Du brauchst ihn nicht von weither rufen;
er kann es kaum erwarten, dass du auftust.
Ihn drängt es tausendmal heftiger nach dir
als dich nach ihm:
Das Auftun und das Eingehen,
das ist nichts als ein Zeitpunkt.

Meister Eckhart

Ein Teil von uns

Trauern ist das langsame und schmerzliche Abschiednehmen von einem Menschen, der Teil unseres Inneren geworden ist. Bei besonderen Gelegenheiten – am Heiligen Abend, in der Neujahrsnacht oder an unserem Geburtstag – spüren wir die Abwesenheit dieses Menschen besonders stark. Manchmal dauert es ein ganzes Jahr, bis unser Herz wirklich Abschied genommen, „Lebewohl" gesagt hat und unsere Trauer sich legt.

Doch indem wir unsere Verstorbenen nicht festhalten und von uns gehen lassen, können sie uns ihren Geist der Liebe senden und Teil unseres geistlichen Inneren werden. So können wir uns ihrer erinnern, und so können sie zu unseren treuen Begleitern auf unserer geistlichen Reise zu Gott werden.

Henri J. Nouwen

Vor Gott darf ich sein wie vor dem allerbesten Freund, der mich kennt – und mich trotzdem gern hat. Ich darf mit meinen Worten reden, „deutsch“ und ungeschminkt; finde ich keine, dann mit meinen Gedanken, mit meinem Fühlen oder mit meinem Schweigen. […] Jesus ist da und ich bin jetzt da, und was uns gerade einfällt, darüber tauschen wir uns aus – über die Dinge *meines* Lebens wie über *seine* „Anliegen“, seine Worte, seine Taten damals und heute …
Es geht weder darum, Gebetspflichten zu erfüllen noch „aufzutanken“. Das Jetzt zählt. Ich habe einen Moment „Urlaub“, darf ausruhen an seiner Seite, anschließend werde ich weitergehen – auch an seiner Seite! Gedanken, die mir kommen, gute oder blamable […], lege ich vor ihn hin, vor ihm ordnet sich manches, scheidet sich in Wahrhaftiges und Unwahrhaftiges, Wesentliches und Unwesentliches, manches heilt im Laufe der Zeit seine Gegenwart …

Reinhard Körner

... dann wirst du auf den Weg geschickt

Wenn du Gott in dein Leben einlässt, wenn du Ja sagst zu seiner Führung, dann musst du damit rechnen, dass er dich auf den Weg schickt.
Du wirst wegziehen müssen aus allem, was in dir nicht lebt oder dein Leben verhindert. Gott ist ein Gott des Lebens, und er kann sich nicht mit dem anfreunden, was sich dem Leben verweigert. Er wird dich auswandern lassen von allem, was in dir stirbt, und dich führen zum „Leben in Fülle“ (Joh 10, 10).
Du kannst zu diesem Weg ein Nein oder ein Ja sagen. Dein Nein würde bedeuten, dass alles beim Alten bleiben soll. Du willst nicht gestört werden und deine Ruhe haben. Wenn du Ja sagst, wirst du zum Wanderer, der sein Leben lang unterwegs ist, sich selbst, das Leben und Gott neu zu entdecken. Dein Leben wird dadurch nicht ruhiger, dafür aber

wirst du ein frohes und dankbares Herz haben und die Zusage Gottes: „Fürchte dich nicht, denn ich bin mit dir“ (Jes 43,5).
Sag Ja zu dem Weg, den Gott dir zeigt. Dein Leben wird zwar bewegter, dafür aber wird es an Qualität gewinnen.

Andreas Pohl

**„ ... er befiehlt seinen Engeln ...
damit du deinen Fuß nicht
an einen Stein stößt."**

Steine am Weg, Steine im Leben.
Wie viele Steine gab es schon?
Wie viele Steine immer neu?
Steine, die ich dort vorfand;
Steine, die man mir vor die Füße warf;
Steine, die ich mir selber in den Weg legte;
Steine, über die ich nicht
hinwegschauen konnte,
die ich aber übersteigen musste;
Steine, an denen ich mich wund stieß;
Stolpersteine, die ich nicht sah –
oder nicht sehen wollte;
Steine, die mich zu Fall brachten;
Steine, Steine, Steine ...

„... er befiehlt seinen Engeln ...
damit du deinen Fuß nicht
an einen Stein stößt."

So steht es geschrieben.
Aber wo waren die Engel,
die mich hinübertrugen,
die meinen Weg ebneten?
Wo sind sie?
Die Steine sind da,
immer neue, immer andere.
Ich reib' mich an ihnen;
ich stoße mich wund.

Doch keiner hat mich zerschmettert,
keiner den Weg endgültig verbaut.
Trotz Stößen und Wunden
find ich Stufen und Pfade.

Ist das nur möglich mit Engeln?

Sigrid Berg

Wir können eigentlich nicht leben, wenn wir nicht immer wieder die Bereitschaft mitbringen, uns hineinzugeben in die Gemeinschaft, auch in schwierige Situationen, von denen wir wissen, dass wir Federn lassen müssen, dass wir wirklich uns selbst drangeben müssen.
Da, wo wir nicht immer wissen, ob wir recht verstanden werden, wo wir auch ausgenützt werden können bis zum Verrat, sollen wir uns hingeben.
Dazu gehört auch das rechte Verständnis des Verzichtes. Zum menschlichen Leben gehört es, dass wir auch einmal zurücktreten können und nicht immer wieder vordrängen, dass wir auch wissen, dass wir nicht alle Möglichkeiten des Lebens genießen können, dass wir uns immer wieder entscheiden müssen und in unserer Entscheidung treu bleiben. Das heißt auch, dass wir auf viele andere Möglichkeiten, von denen wir oft träumen, verzichten müssen. Große Denker sagen uns: Der Verzicht nimmt nicht, er gibt.

Er macht uns sogar stark, stärker, als wir denken. Darum – auch wenn es weh tut – brauchen wir immer wieder Verzicht und Opfer.

Karl Kardinal Lehmann

Du fragst nach Gott? Er ist der, der ein Herz für dich hat.
Jesus betet zu ihm, so wie ein Kind voll Vertrauen und Zärtlichkeit den Vater anredet: „Abba, lieber Vater." Und er will damit sagen: Diesem Gott kannst du voll und ganz vertrauen. Du bist ihm wichtig! Ihm liegt an dir! Hat das schon einmal jemand zu dir gesagt? [...]
Jesus sagt uns: „Gott schenkt Zukunft." Er schließt nicht ein oder gar ab, er öffnet „Türen". Er lässt Entwicklung zu. Mehr noch: Er will Entwicklung, Evolution – nicht nur in der Biologie, sondern in unserem Sehnen nach Glück und vollem Leben!
Das mag ein ungewohnter Gedanke sein – aber für mich hat die Tatsache, dass wir in einer offenen Welt, in einem offenen Universum leben, etwas Faszinierendes.
Zugegeben: Da passiert vieles, was ich nicht verstehen kann, was mich sogar erschreckt. Aber Jesus redet von Gott und der Zukunft, die er schenken wird, in den hellsten Farben. Dunkel ist, was wir Menschen uns gegensei-

tig bereiten – wenn wir Gott vergessen. Gottes Reich, [...] ist Friede, Freude, Gerechtigkeit, geglückte Beziehung zu ihm, dem Vater und der Menschen untereinander.

Joachim Wanke

… ich glaube an die Auferstehung der Toten und das ewige Leben

für mich
für alle die mir lieb sind
für alle „Nicht-Lieben“ auch
für jeden in unserer großen
Menschheitsfamilie und
– wenn das auch meine Vorstellungskraft
überschreitet –
für alle Kreatur …

das glaube ich
nicht weil es „die Kirche“
sondern weil es die Sehnsucht mich lehrt
die urgewaltige Sehnsucht in mir
zu leben
ohne Begrenzung
zu leben für immer mit allen, die leben
und mit allem, was lebt und was da ist
das glaube ich, das erhoffe ich
weil mich die Liebe

das kleine bisschen Liebe in mir
nicht kleiner hoffen und glauben lässt

... weil schon dieses kleine bisschen Liebe
so urgewaltig rebelliert gegen den Tod
gegen meinen Tod nicht zuerst
aber gegen den Tod der anderen
den Tod all der herrlichen „Originale"
um mich herum
gegen den Tod derer vor allem
deren Herz zu meinem Herzen gehört
gegen das Aus-und-vorbei
unseres Du-und-ich ...

das glaube ich, das erhoffe ich
weil ich sonst das kleine bisschen Liebe
– um den Schmerz über den sicheren
Abschied ertragen zu können
und erträglich zu machen für die Geliebten –
auf Sparflamme halten müsste in mir
inmitten meiner Tage ...

Reinhard Körner

Vielleicht neigen wir fast alle dazu, uns zumindest manchmal allzu lange bei der Betrachtung der Übel in der Welt aufzuhalten. [...] Der auferstandene Christus, der Sünde und Tod besiegt hat, [...] zeigt eine Art der Hoffnung auf, die von Gott kommt, die auch in menschlich-hoffnungslosen Situationen entstehen kann und in allem Bestand hat, selbst in unserer Begrenztheit, Schwachheit und Fehlerhaftigkeit. [...] Vielleicht sind wir versucht zu sagen: Ich möchte schon glauben können, aber dieser tiefe Glaube fehlt mir. Wir sagen dies so, als ob ein solcher Glaube nur besonders begnadeten Menschen möglich wäre.

Die Begegnungen der Jünger sind lehrreich. Maria von Magdala kehrt zum Grab zurück. [...] Sie begibt sich an den Ort ihrer Sehnsucht. Vor allem die hl. Katharina von Siena hat die Bedeutung der Sehnsucht für die Entfaltung und das Wachstum des christlichen Lebens hervorgehoben. Es ist gut und richtig, wenn wir Sehnsucht nach Glauben haben,

Sehnsucht nach Begegnung mit Christus, nach Umgang mit ihm, nach innerem Frieden, nach Änderung des Lebens, nach größerer Liebe. Vielleicht ist es auch für uns wichtig, den Ort der Sehnsucht aufzusuchen, in uns zu gehen, möglicherweise unter Tränen, wie es Maria von Magdala getan hat.

Klaus Küng

Im Erfahren der Brüchigkeit und Hinfälligkeit alles Lebendigen wird eine neue Nähe zum Leben ermöglicht, entsteht ein tiefes Bewusstsein der Kostbarkeit alles Geschenkten. „Noch nie habe ich so gern gelebt", fasst die österreichische Schriftstellerin Susanne Schaup ihre neue Erfahrung vom Leben nach einer Krebserkrankung zusammen. Eine Verlustkrise kann immer auch eine Gefährdung für den betroffenen Menschen bedeuten, indem er verstummt, innerlich zerbricht, den Weg ins Leben nicht zurückfindet. Der Schmerz der Seele kann ein solches Ausmaß annehmen, dass er kaum noch zu ertragen ist. Ob der Weg durch die Trauer zu einem heilsamen inneren Prozess werden kann, hängt unter anderem davon ab, ob wir verständnisvolle, einfühlsame Begleiter finden, und sei es nur einen einzigen Menschen, der nicht erschrickt vor der Heftigkeit unserer Verlustschmerzen, vor unserem Weinen und Klagen, unseren schweren Gedanken und unseren Depressionen. Ein Mensch müsste es sein, der nicht mit Sprüchen aufwartet, sondern zuhört und unaufdringliche Nähe gewährt, ein Mensch, der keine Angst hat, wenn er Leidvolles mit ansehen muss. Einer, der zu einer solchen inneren Haltung fähig ist, kann Hoffnung wecken mitten im Dunkel.

Antje Sabine Naegeli

Dann wird es mit dem Himmelreich sein wie mit zehn Jungfrauen, die ihre Lampen nahmen und dem Bräutigam entgegengingen. Fünf von ihnen waren töricht, und fünf waren klug. Die törichten nahmen ihre Lampen, nahmen aber kein Öl mit sich, die klugen aber nahmen außer den Lampen noch Öl in ihren Gefäßen mit. Als nun der Bräutigam lange nicht kam, wurden sie alle müde und schliefen ein. Mitten in der Nacht aber entstanden laute Rufe: Seht, der Bräutigam! Geht ihm entgegen! Da standen die Jungfrauen alle auf und machten ihre Lampen zurecht. Nun aber sagten die törichten zu den klugen: Gebt uns von eurem Öl, denn unsere Lampen erlöschen. Die klugen aber antworteten und sagten: Niemals, dann reicht es weder für uns noch für euch; geht lieber hin zu den Verkäufern und kauft für euch. Während sie nun hingingen zu kaufen, kam der Bräutigam, und die bereit waren, gingen mit ihm zur Hochzeit; und die Tür wurde verschlossen. Später kamen auch die übrigen Jungfrauen und riefen: Herr, Herr, mach uns auf! Er aber antwortete ihnen und sprach: Amen, ich sage euch: Ich kenne euch nicht. Seid also wachsam! Denn ihr wisst weder den Tag noch die Stunde.

Matthäusevangelium 25,1-13

Auferstehung und Leben

Man kann immer wieder lesen, die Auferstehung Jesu sei ein Mythos: etwas, was man sich immer schön erzählen kann, das aber nie gewesen ist. Auferstehung, das ist sicher ein Bildwort, und das dürfen wir zunächst so ernst nehmen, wie wir es selbst erfahren, wenn wir uns am Morgen wieder erheben vom Schlaf und aufstehen. Wir wissen aber auch, was es bedeutet, wenn wir krank sind – wie wir sagen: daniederliegen – und nicht aufstehen können. Und was es für eine Freude und Erfahrung vom Leben ist, wenn wir wieder aufrecht gehen können, aufstehen können: aufstehen können auch im Sinne des aufrechten Ganges, der zum Menschen gehört, der seine Würde ausmacht.

Aber das Wort von der Auferstehung bekommt dann seine eigentliche Zuspitzung,

wenn wir sehen, wie es ganz eng zusammenhängt mit der Erfahrung des Todes, wenn der Mensch nicht mehr aufstehen kann, wenn er daniederliegt, das Leben aus ihm gewichen ist.
Der Tod greift zwar noch nach und in dieser Welt, aber er hat für den, der glaubt, in Jesus den letzten Schrecken verloren.

Karl Kardinal Lehmann

Gott hat die Welt nicht nur geschaffen, er lässt sie auch niemals fallen. Selbst wenn „die Welt“ sich noch so sehr von Gott abwendet, Er bleibt treu. Er tut alles für sie. Er gibt ihr sogar Sein Ein und Alles, Seinen Sohn. Mehr Liebe kann Er nicht zeigen. Und Jesus macht das nochmals deutlicher: Gott hat ihn nicht gesandt, damit er die Welt richte, sondern sie rette. Von diesen Worten geht großer Trost aus. Aber sind sie nicht Illusion? Ist wirklich Liebe auf dem Grund von allem? Steht hinter dem gewaltigen Universum, unserem kleinen Planeten Erde, unserem Menschenleben ein Gott, der all das will, weil Er Liebe ist? Und wenn es so ist, warum spüren wir oft so wenig davon? Jesus sagt dem Nikodemus, und dieser hat es uns weitergesagt: Glaube das, dann wirst du leben! Dass du gewollt und geliebt bist, dass Gott dir Christus, Seinen Sohn, als Freund, Heiler und Helfer geschickt hat, das musst du glauben! Halte dich daran fest in dunklen Stunden. Und habe den Mut, wie Nikodemus, zu Jesus zu stehen, auch bei Gegenwind. Nikodemus hat es nicht bereut. Er wurde nicht enttäuscht. Jesus hält Wort!

Christoph Kardinal Schönborn

Die Wahl, die Gott getroffen hat, als er uns wählte! Erwählte! Ich gebe zu: Das ist eine etwas ungewohnte Perspektive, aus der wir das Wort Wahl betrachten. Meistens denken wir von uns aus. Und auch wir Prediger sind gewohnt, die Gläubigen zu ermuntern: Entscheidet euch für Gott! Wählt ihn! Aber sollten wir eingangs nicht einmal bedenken, dass es viel entscheidender ist, dass Gott uns gewählt hat? Das ist alles andere als selbstverständlich! Denkt nur manchmal an den Blick, mit dem ihr morgens beim Rasieren in den Spiegel schaut, euer zerknittertes, oft müdes Gesicht betrachtet und resigniert vor euch hinmurmelt: „Man hätte eigentlich Besseres verdient als sich selbst!" In der Tat: Hätte nicht auch Gott Besseres verdient als uns? Bedenken wir es einmal aus seiner Perspektive: Gott will uns. Vorbehaltlos! Er wartet nicht auf Bessere. Er hat Ja gesagt zu uns, so wie wir sind. Das ist zutiefst verwunderlich. Warum liebt uns Gott? Warum hat er uns erwählt? Die Tatsache unserer

Erwählung ist ja die Kernaussage unseres Glaubens, gleichsam seine Kernbotschaft: Du bist von Gott „gemocht“! Du bist angenommen! Du bist geliebt – auf eine unfassbare und unerklärliche Weise.

Joachim Wanke

Warum *ich* an den auferstandenen, bei Gott lebenden Jesus glaube? Ich habe mir lange darüber Rechenschaft gegeben. Nicht weil die Osterevangelien vom leeren Grab erzählen und nicht weil Jesus diesen Texten nach von den Jüngern mit leiblichen Augen als Auferstandener gesehen worden ist. Das ist nicht der letzte Grund, und das war er auch nicht, bevor mich die Bibelwissenschaftler „verunsichert" haben. *Ich glaube dir, Jesus, dass du lebst, weil ich dir deinen Gott glaube.* Wenn er der Gott der Liebe ist, wenn er so ist, wie du ihn als „Schatz" im Herzen getragen hast, wenn er so ist, wie du ihn selber vorgelebt hast, dann hat er dich nicht im Tod gelassen – und dann wird er auch mich nicht und niemanden, den er liebt, in das Nichts zurückfallen lassen.

Reinhard Körner

Das Fest Allerheiligen wertet unser eigenes Bemühen auf, mit unseren Toten ehrfürchtig umzugehen; nachsichtig mit ihren Schwächen; dankbar für das, was sie uns getan und an Liebe geschenkt haben, was wir ihnen verdanken. [...]
Es ist bitter, wenn ein Leben sich nicht vollenden darf, wenn es ein Fragment, ein Torso bleiben muss: wie die Figuren aus der Antike, von denen nur der Rumpf erhalten ist. Solche Bildnisse rühren mich besonders an. Und ich versuche, dazuzudenken und zu ergänzen, was da nicht mehr erhalten ist. Vielleicht schaut Gott auf ein abgebrochenes Leben auch mit dem wohlwollenden Blick dessen, der weiß, wie es weiter gegangen wäre, und ER sagt: „Es ist schon gut so, es reicht!" Das mag uns trösten im Blick auf die Toten, die zu früh gehen mussten. Und es kann uns trösten im Blick auf uns selbst. [...] Auch unser unvollendetes Leben wird Gott vollenden, dessen Bruchstücke zu einem Ganzen bilden.

Heinz Josef Algermissen

Mut im Gebet

Das Leben scheint uns ein Geheimnis. Gott, du Schöpfer und Erhalter allen Lebens, du bist kein verborgener Gott. In deinem Sohn Jesus bist du uns so nahe geworden, greifbar und vertraut. In der Schöpfung und in jedem Moment unseres Lebens bist du gegenwärtig. Zeig mir Wege, Herr, mich in dir zu finden. Schenk mir die Weisheit, die Welt mit deinen Augen zu sehen, schenk mir einen liebenden, hoffnungsvollen Blick.
Alles Geschehene, alles Verlorene und alles Gewonnene ist dein. Ich lege alles in deine liebenden Hände, damit ich frei sein kann, frei für das Leben. Amen.

Nicht, dass jedes Leid
dich verschonen möge,
noch dass dein zukünftiger Weg
stets Rosen trage,
keine bittere Träne
über deine Wangen komme
und kein Schmerz dich quäle –
dies alles wünsche ich dir nicht.
Sondern: Dass dankbar du allzeit bewahrst
die Erinnerung an gute Tage.
Dass mutig du gehst durch Prüfungen,
auch wenn das Kreuz
auf deinen Schultern lastet,
auch wenn das Licht der Hoffnung
schwindet.
Was ich dir wünsche:
Dass jede Gabe Gottes in dir wachse,
dass einen Freund du hast,
der deiner Freundschaft wert,
und dass in Freud und Leid das Lächeln
des menschgewordenen Gotteskindes
dich begleiten möge.

Herr, lehre mich die Kunst der kleinen Schritte

Ich bitte nicht um Wunder und Visionen,
Herr,
sondern um die Kraft für den Alltag.
Lass mich immer wieder herausfinden
aus dem täglichen Trott,
aus dem ermüdenden Einerlei und Vielerlei,
aus Angst und Langeweile.
Zu mir selbst möchte ich finden.
Hilf mir dazu!
Bewahre mich vor der kindischen Angst,
ich könnte das Leben versäumen
und „leben", ohne das Leben zu erleben. –
Es kommt ja nicht darauf an,
dass ich erfolgreich,
sondern dass ich gesegnet bin.
Gib mir nicht, was ich wünsche,
sondern was ich brauche.
Das weißt du allein.

Lass mich erkennen,
dass Träume nicht weiterhelfen,
weder über die Vergangenheit
noch über die Zukunft.
Hilf mir, das Nächste so gut wie möglich
zu tun und die jetzige Stunde
als die wichtigste zu erkennen.
Bewahre mich vor dem naiven Glauben,
es müsste im Leben alles glattgehen.
Schenke mir die nüchterne Erkenntnis,
dass Schwierigkeiten, Niederlagen, Rückschläge
eine selbstverständliche Zugabe
zum Leben sind,
wodurch wir wachsen und reifen,
um unser Leben zu meistern.
Schenke mir eine Portion Misstrauen
gegen mich selbst;
keiner kann die Hand für sich ins Feuer legen.
Erinnere mich in kritischen Minuten daran,
dass das Herz oft gegen den Verstand streikt.
Ich möchte mich nicht beeinflussen lassen
vom Gerede der Leute,
alles zu sehen und vieles übersehen.

Gib mir die Kraft dazu.
Halte mich fest, wenn ich versucht bin,
bitter oder verbittert zu werden.
Schicke mir im rechten Augenblick jemand,
der den Mut hat,
die Wahrheit in Liebe zu sagen.
Gib mir die tägliche Wachsamkeit
für Leib und Seele,
eine Geste deiner Barmherzigkeit,
ein gutes Wort, ein freundliches Echo
und wenigstens hin und wieder das Erlebnis,
dass man noch gebraucht wird.
Ich weiß, dass sich viele Probleme dadurch
lösen, dass man etwas tut.
Gib, dass ich warten kann.
Ich möchte dich immer aussprechen lassen.
Das Wichtigste im Leben
sagt man nicht sich selbst,
es wird einem gesagt.
Du weißt,
wie sehr wir der Freundschaft bedürfen.
Gib, dass ich diesem schönsten,
schwierigsten, riskantesten

und zartesten Geschäft des Lebens
gewachsen bin.
Ich möchte trösten,
aber bewahre mich vor der Gefahr,
dass ich andere nur vertröste. –
Ich möchte das nötige Stehvermögen haben,
um Haltlosen Kraft zu bieten.

Antoine de Saint-Exupéry

Das Licht deiner Seele leite dich,
damit du lebendig bist in allem, was du tust;
damit du nie deine Arbeit verfluchst,
sondern sie möge in dir Inspiration
und Begeisterung wecken.
Gott gebe dir ein reines Herz und Augen,
die segnen, was sie sehen.
Segne deinen Nächsten
und dein Nächster möge dich segnen.
Dies gewähre uns mir seinem Segen:
Gott, unser Vater,
durch seinen Sohn Jesus Christus,
in der Liebe des heiligen Geistes.
Amen.

Seligpreisungen

Selig, die Verständnis zeigen
für unseren stolpernden Fuß
und unsere lahmende Hand.
Selig, die begreifen,
dass unser Ohr sich anstrengen muss,
um aufzunehmen,
was man zu uns spricht.
Selig, die mit freundlichem Lachen
verweilen,
um ein wenig mit uns zu plaudern.
Selig, die niemals sagen:
„Das habt ihr mir heute schon
zweimal erzählt."
Selig, die verstehen,
Erinnerungen an frühere Zeiten
in uns wachzurufen.
Selig, die uns erfahren lassen,
das wir geliebt, geachtet
und nicht allein gelassen sind.

Selig, die uns in ihrer Güte die Tage,
die uns noch bleiben, erleichtern.

Aus Afrika

Herr, wie du willst, soll mir gescheh'n,
und wie du willst, so will ich geh'n;
hilf, deinen Willen nur versteh'n!

Herr, wann du willst, dann ist es Zeit;
und wann du willst, bin ich bereit
heut und in alle Ewigkeit.

Herr, was du willst, das nehm' ich hin,
und was du willst, ist mir Gewinn;
genug, dass ich dein Eigen bin.

Herr, weil du's willst, drum ist es gut;
und weil du's willst, drum hab ich Mut.
Mein Herz in deinen Händen ruht

Pater Rupert Mayer

Gott segne die Erde, auf der ich stehe.
Gott segne die Wege, die ich beschreite.
Gott segne das Ziel, für das ich lebe.

Gott, du Ewiger,
Segne auch meine Rast.

Segne, was ich suche,
segne, was meine Liebe braucht,
segne, worauf meine Hoffnung sich gründet.

Du König der Könige,
segne meinen Blick.

Ich bitte weder um Gesundheit,
noch um Krankheit,
weder um Leben noch um Tod,
sondern darum,
dass du über meine Gesundheit
und meinen Tod verfügst
zu deiner Ehre und zu meinem Heile.
Du allein weißt, was mir dienlich ist.
Du bist der souveräne Herr,
tue, was du willst.
Gib mir, nimm mir!
Herr, ich weiß, dass ich nur eines weiß:
dass es mir gut ist, dir zu folgen,
und dass es mir schädlich ist,
dich zu beleidigen.
Ich weiß nicht, was mir nützlicher ist,
Gesundheit oder Krankheit,
Reichtum oder Armut,
und ebenso bei allen Dingen der Welt.
Das ist eine Entscheidung,
die die Kraft der Menschen
und Engel übersteigt
und die in den Geheimnissen

der Vorsehung verborgen liegt,
die ich anbete
und nicht ergründen will. Amen.

Blaise Pascal

Herr, das Leben verlangt oft viel von uns.
Sorgen bedrücken unseren Alltag.
Über uns lastet das Dunkel des Todes.
Dennoch erwartest du von uns,
dass wir froh sind.
Herr, gib mir die Kraft des Glaubens,
die von deiner frohen Botschaft ausgeht.
Du kennst die Not meines Lebens,
aber mit dir kann ich
all dieses Bedrückende bestehen.
Die Freude deines Herzens
kam aus der Liebe zum Vater.
Herr, zeige mir den Weg zu deinem Vater.
Ihm möchte ich verbunden bleiben,
so wie du in ihm den Frieden hattest,
den die Welt nicht geben kann.

Solange ich lebe,
muss ich mich entscheiden,
muss Stellung nehmen,
muss Ja oder Nein sagen.
So hast du es gewollt,
Schöpfer des Menschen,
dass ich mich entscheide für einen Beruf,
für einen Lebensgefährten, für eine Partei,
für dich.

Aber nicht nur an den breiten Kreuzungen
des Lebens muss ich wählen,
auch an den schmalen,
wo es nur um einen Film, eine Zeitung,
einen Witz geht.
Hab Dank, Schöpfer des Lebens,
dass ich entscheiden,
dass ich die Lebensweichen mitstellen darf,
dass ich mehr bin als ein willenloses Zahnrad
im Räderwerk der Zeit.

Herr, oft habe ich Angst vor Entscheidungen,
schiebe sie anderen zu,

versuche mich vorbeizudrücken,
gehe weder links noch rechts,
weder vor noch zurück.
Herr, ich will mich für dich entscheiden,
in allen Fragen des Lebens, jeden Tag,
ein ganzes Leben lang.
Komm mir zu Hilfe;
dass ich das Rechte erkenne.
Gib mir Mut, es zu wählen.

Ein Neubeginn

Wohin du auch gehst, geh mit deinem ganzen Herzen.

Konfuzius

Ich kann weder die Zeit zurückdrehen und Geschehenes ungeschehen machen, noch kann ich so leben, als wenn nichts passiert wäre.
Ein Platz bleibt leer. An den Geburtstagen, an Weihnachten, wenn Familienzuwachs naht, werde ich immer die Lücke spüren. Das ist auch gut so, denn jeder Mensch ist es wert, dass wir seiner gedenken.
Wenn ich jetzt an die Person denke, von der ich durch den Tod scheinbar getrennt bin, dann beginne ich, ein neues Verhältnis aufzubauen, und dieses Verhältnis bekommt in meinem Leben einen neuen Platz.
Unsere Beziehung ist nun geistig, vielleicht sogar unmittelbarer. Ja, ich lasse diesen Menschen ziehen. Auch ich werde diese Erde, dieses Leben früher oder später verlassen. Für einen kurzen Moment kann ich das Geheimnis des Lebens erahnen, das Kommen und Gehen, Geben und Nehmen, Geborenwerden und Sterbenmüssen. Mit diesem Bewusstsein lebe ich nun weiter und kann die

Geschenke, die Gott mir durch diesen geliebten Menschen gegeben hat, mit mir tragen. „Mit jedem Menschen ist etwas Neues in die Welt gesetzt, was es noch nicht gegeben hat, etwas Erstes und Einziges“ (Martin Buber). Niemand kann meinen Platz einnehmen. Mein Leben ist mir persönlich geschenkt worden. Ich bin nicht nur gezeugt – ich bin geliebt! Mit diesem Vertrauen kann ich durch das Leben gehen und das, was mir geschenkt worden ist, weiterschenken. Dann werde ich mein Leben nicht verlieren, sondern das echte Leben gewinnen.

Niemals geht man so ganz,
irgendwas von mir bleibt hier.
Es hat seinen Platz –
immer bei dir.

Trude Herr

Worte, die ermuntern

Am ersten Tag der Woche kam Maria von Magdala frühmorgens, als es noch dunkel war, zum Grab und sah, dass der Stein vom Grab weggenommen war. Da lief sie schnell zu Simon Petrus und dem Jünger, den Jesus liebte, und sagte zu ihnen: Man hat den Herrn aus dem Grab weggenommen, und wir wissen nicht, wohin man ihn gelegt hat. Da gingen Petrus und der andere Jünger hinaus und kamen zum Grab; sie liefen beide zusammen dorthin, aber weil der andere Jünger schneller war als Petrus, kam er als Erster ans Grab. Er beugte sich vor und sah die Leinenbinden liegen, ging aber nicht hinein. Da kam auch Simon Petrus, der ihm gefolgt war, und ging in das Grab hinein. Er sah die Leinenbinden liegen und das Schweißtuch, das auf dem Kopf Jesu gelegen hatte; es lag aber nicht bei den Leinenbinden, sondern zusammengebunden daneben an einer besonderen Stelle. Da ging auch der andere Jünger, der zuerst an das Grab gekommen war, hinein; er sah und glaubte. Denn sie wussten noch nicht aus der Schrift, dass er von den Toten auferstehen musste.

Johannesevangelium 20,1-9

Neu bist du, wenn du staunst,
weil jeden Morgen Licht da ist.
Wenn du glücklich bist,
weil deine Augen sehen,
deine Hände fühlen, deine Füße laufen.
Wenn du singst, weil dein Herz schlägt.

Neu bist du, wenn du weißt, dass du lebst.
Wenn du dir bewusst machst,
dass heute der erste Tag
vom Rest deines Lebens beginnt.

Neu bist du, wenn du mit reinem Blick
auf Menschen und Dinge schaust,
wenn du noch lachen kannst,
wenn du dich freuen kannst
über die einfachen, kleinen Blumen
am Weg deines Lebens.

Phil Bosmans

… dann wird er dir ein neues Herz geben

Wenn du Gott in dein Leben einlässt, wenn du ihm erlaubst, in deinem Herzen zu wirken, dann wird er dir ein neues Herz geben.
Das, was in deinem Herzen leblos und versteinert ist, will er berühren, heilen und beleben. Er wird dein Herz nach seinem Herzen formen, weil er selbst ein Herz hat.
Du wirst dann lieben können wie er, empfinden wie er und den Menschen begegnen wie er. Dein „neues Herz“ wird aber auch ein verwundbares Herz sein, weil sein Herz auch ein verwundetes, durchbohrtes Herz ist. Mit den Leidenden wird es mitleiden und mit den Weinenden weinen. Es wird fühlen und empfinden, trauern und schmerzen können. Aber dein von Gott geformtes „neues Herz“ ist bereit, lieber mit solcher Verwundbarkeit

zu leben und Verletzungen in Kauf zu nehmen, als den Menschen hart, kalt und herzlos zu begegnen.
Die Welt braucht Menschen mit einem „neuen Herzen“. Davon hängt die Zukunft der Welt ab.

Andreas Pohl

Das Leben ist eine Chance – nutze sie.
Das Leben ist Schönheit – bewundere sie.
Das Leben ist Seligkeit – genieße sie.
Das Leben ist ein Traum – verwirkliche ihn.
Das Leben ist eine Herausforderung –
stelle dich ihr.
Das Leben ist Pflicht – erfülle sie.
Das Leben ist ein Spiel – spiele es.
Das Leben ist kostbar –
geh sorgsam damit um.
Das Leben ist Reichtum – bewahre ihn.
Das Leben ist Liebe – erfreue dich an ihr.
Das Leben ist ein Rätsel – löse es.
Das Leben ist ein Versprechen – erfülle es.
Das Leben ist Traurigkeit – überwinde sie.
Das Leben ist eine Hymne – singe sie.
Das Leben ist eine Tragödie – ringe mit ihr.
Das Leben ist ein Abenteuer – wage es.
Das Leben ist Glück – verdiene es.
Das Leben ist das Leben – verteidige es.

Mutter Teresa

Es ist eine Binsenweisheit: Der Fisch kann im Wasser nicht ertrinken. Er ist in seinem Element. Der Vogel kann in der Luft nicht abstürzen, er ist in seinem Element. Er ist getragen von dem, was ihn umgibt.

Und der Mensch?

Wann ist der Mensch in seinem Element?

Nie so wie in der Liebe. Wer sich geliebt weiß, wer Vertrauen erfährt, der kann dem Leben trauen, der kann sich trauen. Er ist getragen von dem, was ihn umgibt. Er kann sich frei entfalten wie ein Fisch im Wasser, wie ein Vogel in der Luft. Wer der Liebe Gottes glaubt, der ist ganz in seinem Element. Das prägt unser Bild vom Menschen.

„Lieben heißt: Ich sage dir, du wirst nicht sterben" (G. Marcel). Das sagt Gott uns heute: Ich sage dir, du wirst nicht sterben. „Weder Tod noch Leben … können uns scheiden von der Liebe Gottes, die in Christus Jesus ist, unserem Herrn".

Sie ist der Dreh- und Angelpunkt unseres

Daseins. Von dort her bekommt alles andere seinen Ort und Stellenwert, ist darauf bezogen und von daher relativiert.

Franz Kamphaus

Wo wahre Liebe und Weisheit ist,
da ist nicht Furcht noch Unwissenheit.
Wo die Stille mit dem Gedenken Gottes ist,
da ist nicht Unruhe noch Zerfahrenheit.
Wo die Barmherzigkeit und Klugheit ist,
da ist nicht Verschwendung noch Täuschung.

Franz von Assisi

Mögest du von Engeln umgeben und behütet sein

Mit den Engeln
hat es etwas Wunderbares auf sich.
Man hört sie nicht, man sieht sie nicht,
man kann sie im wahrsten Sinne des Wortes
nicht begreifen,
und die sind dennoch gegenwärtig,
die Lichtboten einer anderen Welt.

Wenn alles in dir schwer ist,
beflügeln sie dich mit neuem Schwung.
Sie lassen dir aus deiner Seele
Trost zuwachsen
und beschenken dich mit dem Mut,
etwas Neues in Angriff zu nehmen.

Mögest du dich stets
auf die Kraft der Engel verlassen können
und darauf vertrauen,

dass du von Tag zu Tag,
von Nacht zu Nacht behütet
und geborgen bist.

Christa Spilling-Nöker

Du musst dir, so wie ich,
im Innern deiner Seele
eine kleine Zelle bauen.
Du denkst dann,
dass der liebe Gott darin zugegen ist,
und betrittst sie von Zeit zu Zeit.
Wenn du deine Nerven spürst
oder dich unglücklich fühlst,
so flüchtest du rasch dahin
und vertraust dich dem Meister an.
Oh, wenn du nur eine geringe Kenntnis
vom richtigen Gebet hättest,
fändest du es nicht langweilig.
Mir kommt es vor wie ein Ausruhen,
eine Entspannung.
Man begibt sich einfach zu ihm,
den man liebt.
Man hält sich ganz in seiner Nähe auf,
wie ein Kind in den Armen seiner Mutter,
und lässt seinem Herzen freien Lauf.

Elisabeth von Dijon

Allmächtiger, du bist uns Zuflucht
von Geschlecht zu Geschlecht!
Bevor die Berge entstanden,
ehe die Erde und das Weltall
geschaffen wurden,
bist du von Ewigkeit zu Ewigkeit.
Du lässt die Menschen zum Staub
zurückkehren und sprichst:
„Kehrt zurück, ihr Menschen!“
Tausend Jahre sind in deinen Augen
wie der entschwundene gestrige Tag,
wie eine kurze Nachtwache
sie sind weggeschwemmt
wie Schlaf am Morgen,
sie schwinden dahin wie Gras:
Am Morgen sprießt es und wächst,
am Abend welkt es und verdorrt.
So schwinden wir verbraucht dahin
und vergehen durch deinen Rechtssinn,
sind durch deine Ordnungsliebe ratlos
und bestürzt.
Du hast unsere Sünden vor Augen,
unsere geheimsten Vergehen

stehen im Licht deines Angesichts.
Denn all unsere Tage vergehen
in deinem Unbehagen mit uns,
unsere Jahre entfliehen wie ein Seufzer.
Unsere Lebensdauer währt vielleicht siebzig,
und wenn wir kräftig sind, achtzig Jahre;
die meisten sind Mühe und Nichtigkeit,
schnell wie im Flug enteilen sie,
wir fliegen dahin.
Doch wer erkennt die Gewalt
deiner Redlichkeit,
und wer fürchtet sich
vor deinem Gerechtigkeitssinn?
Lehre uns unsere Tage zu zählen,
damit unser Herz Weisheit erlange.
Gott, wende dich uns zu!
Wie lange willst du noch warten?
Hab Erbarmen mit uns, wir gehören dir!
Erfülle uns jeden Morgen mit deiner Gnade,
dann werden wir jubeln und uns freuen
in all unseren Tagen!
Erfreue uns so viele Tage,
wie du uns gezüchtigt hast,

so viele Jahre, wie wir Unglück erlitten!
Lass deine Getreuen dein Wirken erleben
und ihre Nachkommen
deine herrliche Macht!
Die Güte des Allmächtigen, unseres Gottes,
sei über uns!
Lass das Werk unserer Hände gelingen!
Lass gelingen unserer Hände Werk!

Psalm 90

Es gibt keine Szene im Evangelium, in der der Herr nicht früher oder später das demütige, aufrichtige Bitten eines Menschen erhört hat. Manchmal dauert es länger, manchmal muss man hinter ihm herlaufen, manchmal muss man länger anklopfen. Aber man muss entdecken, dass er da ist, uns nahe und für jeden erreichbar. Wenn wir sagen: Ich habe große Probleme, große Schwierigkeiten, dann ist es umso wichtiger, zu kommen und zu suchen. Freilich, wer sich auf Jesus einlässt, wer an seiner Hand den Weg der Liebe sucht, wird die Erfahrung machen, dass er das Herz weit macht, damit wir JA sagen zueinander, JA sagen auch zu uns selbst; uns so annehmen, wie wir sind, aber ohne uns zu schnell mit unseren Fehlern abzufinden. Seine Liebe führt dazu, dass wir immer wieder um Verbesserung bemüht sind. Wir müssen aber auch JA sagen zu unseren Aufgaben. Damit der Herr in unseren eigenen Herzen wirkt, in unseren eigenen Familien.

Klaus Küng

Über den Sternen throne ich,
weil mir deine Gaben genügen.
Ich freu' mich am süßen Ton der Pauken,
da ich auf dich vertraue.

Ich küsse die Sonne, umarme den Mond
und halte ihn fest; mir genügt,
was sie für mich ersprießen lassen.
Was sollte ich mehr noch wünschen,
dessen ich gar nicht bedarf?

Alles erweist mir Barmherzigkeit.
Im Haus meines Königs darf ich wohnen,
sitzen beim königlichen Mahl,
weil eine Königstochter ich bin.

Hildegard von Bingen

Memento

Geliebte, willst du doppelt leben,
So sei des Todes gern gedenk,
Und nimm, was dir die Götter geben,
Tagtäglich hin wie ein Geschenk.

Mach dich vertraut mit dem Gedanken,
Dass doch das Letzte kommen muss,
Und statt in Trübsinn hin zu kranken,
Wird dir das Dasein zum Genuss.

Du magst nicht länger mehr vergeuden
Die Spanne Zeit in eitlem Hass,
Du freust dich reiner deiner Freuden
Und sorgst nicht mehr um die und das.

Du setzest an die rechte Stelle
Das Hohe, Göttliche der Zeit,
Und jede Stunde wird dir Quelle
Gesteigert neuer Dankbarkeit.

Theodor Fontane

... dann wird er mit dir ein Haus auf dem Felsen bauen

Wenn du Gott in dein Leben einlässt, wenn du auf seine Worte hörst und danach lebst, wird er mit dir ein „Haus auf dem Felsen bauen".
Wenn dich der Sturm der Orientierungslosigkeit überrascht, wirst du stabil bleiben. Wenn eine Verunsicherung nach der anderen auf dich hagelt, bleibst du fest in deiner Überzeugung verankert, und niemand schafft es, dich fremdzubestimmen.
Mögen böse Geister, böse Kräfte um dich herum noch so toben und wüten, sie werden dich nicht zerstören. Lass dich nicht verunsichern und glaube: Wenn du mit Gott zu tun bekommst, seine Worte zum Fundament deines Lebens machst, dann wirst du das Leben bestehen. Lass Gott den Architekten deines Lebens sein. Gib ihm alle Freiheiten, dich so

zu gestalten, wie er es will. Er wird das Haus deines Lebens „auf dem Felsen“ bauen und dich sogar zum „Tempel des Heiligen Geistes“ (1. Korintherbrief 6,19) machen.

Andreas Pohl

Stufen

Wie jede Blüte welkt und jede Jugend
dem Alter weicht, blüht jede Lebensstufe,
blüht jede Weisheit auch und jede Tugend
zu ihrer Zeit und darf nicht ewig dauern.
Es muss das Herz bei jedem Lebensrufe
bereit zum Abschied sein und Neubeginne,
um sich in Tapferkeit und ohne Trauern
in and're, neue Bindungen zu geben.
Und jedem Anfang wohnt ein Zauber inne,
der uns beschützt und der uns hilft zu leben.
Wir sollen heiter Raum um Raum
durchschreiten,
an keinem wie an einer Heimat hängen,
der Weltgeist will nicht fesseln uns
und engen,
er will uns Stuf' um Stufe heben, weiten!
Kaum sind wir heimisch einem Lebenskreise
und traulich eingewohnt,
so droht Erschlaffen!

Nur wer bereit zu Aufbruch ist und Reise,
mag lähmender Gewohnheit sich entraffen.
Es wird vielleicht auch noch die Todesstunde
uns neuen Räumen jung entgegensenden:
des Lebens Ruf an uns wird niemals enden.
Wohlan denn, Herz, nimm Abschied
und gesunde!

Hermann Hesse

Der Tod, den die Menschen fürchten,
ist die Trennung der Seele vom Körper.
Den Tod aber,
den die Menschen nicht fürchten,
ist die Trennung von Gott.

Aurelius Augustinus

Wie lange dauert die Trauer?

Endlos scheint sich die Wanderung durch das „Land der Trauer“ in die Länge zu ziehen. Wird sie überhaupt jemals ein Ende haben? Manchmal fragen Sie sich, ob Sie sich womöglich schon häuslich eingerichtet haben im „Land der Trauer“ und gar nicht mehr hinauswollen. Denn in den vergangenen Wochen und Monaten ist dieses Land zu Ihrer Heimat geworden. […]
Es gibt keine vorgeschriebene Trauerzeit, an die Sie sich halten müssen. […]
Sie denken an sich selbst? Ja, das ist die richtige Ausrichtung Ihrer Gedanken. Sie trauern, damit Sie vom Schmerz des Verlustes befreit und geheilt werden und das „neue Land“ betreten können. Allein danach sollten Sie sich richten: „Wie lange werde ich noch trauern? So lange, wie ich die Trauer brauche!“

Rainer Haak

Wer unter dem Schutz des Allerhöchsten wohnt,
im Schatten des Allmächtigen verweilt,
spreche zum Allgewaltigen:
„Meine Zuflucht und Festung, mein Gott,
auf den ich vertraue."
Denn er rettet dich wie einen Vogel
aus dem Netz des Fallenstellers
und aus verderbenbringender Seuche.
Er beschirmt dich mit seinen Flügeln,
unter seinen Schwingen findest du Zuflucht,
Sicherheitsschild und Schutzschirm
ist seine Treue.
Vor Gefahren und Schrecken bei Nacht
brauchst du dich nicht fürchten,
noch vor dem Schuss, der am Tag fällt,
nicht vor der Seuche,
die im Finstern um sich greift,
noch vor dem Verderben,
das am helllichten Tag wütet.
Wenn tausend neben dir zugrunde gehen,
zehntausend rings um dich:
An dich kommt nichts heran.

Schau nur mit deinen Augen,
dann siehst du,
wie den Sündern vergolten wird.
Denn Gott ist deine Zuflucht,
beim Allerhöchsten hast du Schutz gefunden.
Nichts Böses wird dir begegnen,
kein Unheil naht deiner Wohnung.
Denn er hat seinen Engeln befohlen,
dich auf all deinen Wegen zu behüten.
Sie sollen dich auf ihren Händen tragen,
damit dein Fuß nicht an einen Stein stößt.
Du schreitest über Löwen und Giftschlangen,
zertrittst Junglöwen und Drachen.
„Weil er an mir hängt, rette ich ihn;
ich schütze ihn,
denn er kennt meinen Namen.
Ruft er mich an, so erhöre ich ihn.
Ich bin mit ihm in der Not,
befreie ihn und bringe ihn zu Ehren.
Mit langem Leben sättige ich ihn,
lasse ihn schauen mein Heil.“

Psalm 91

Wenn du fest überzeugt bist und dich stets daran erinnerst, dass es dir zu jeder Zeit bevorsteht, deine irdische Hülle zu verlassen, so wird es dir leichter, Gerechtigkeit auszuüben und der Wahrheit gemäß zu handeln, leichter, dich deinem Schicksal zu ergeben. Dann wirst du gelassen allem menschlichem Gerede, allen Schmähungen und bösen Anschlägen begegnen, wirst dich sogar um diese nicht kümmern. Von nur zwei Aufgaben völlig in Anspruch genommen, wirst du in allen Dingen, die dir bevorstehen, gerecht verfahren und wirst ohne Murren dein tägliches Joch tragen. So kann der Mensch inneren Frieden erlangen; weil alle seine Wünsche zu einem führen – unter Gottes Macht zu bleiben.

Mark Aurel

Steht nicht an meinem Grab und weint.
Ich bin nicht dort. Ich schlafe nicht.
Ich bin tausend Winde, die wehen.
Ich bin das diamantene Glitzern des Schnees.
Ich bin das Sonnenlicht auf gereiftem Korn.
Ich bin der freundliche Herbstregen.
Wenn ihr in der Morgenstille erwacht,
bin ich das schnelle,
aufsteigende Dahinschießen stiller Vögel
im kreisenden Flug.
Ich bin der sanfte Sternenschein bei Nacht.
Steht nicht an meinem Grab und weint.
Ich bin nicht dort ... Ich bin nicht gestorben.

Indianische Weisheit

Nicht vom Brot allein lebt der Mensch.
Nicht vom Körper allein,
nicht von der Seele allein,
nicht von der Gnade allein,
nicht von der Natur allein,
nicht von der Bibel allein,
nicht von der Zeitung allein,
nicht von der Kirche allein,
nicht vom Fortschritt allein,
nicht von der Tradition allein,
nicht vom Geist allein,
nicht von der Mystik allein,
nicht von den Fakten allein,
nicht von der Materie allein,
nicht vom Menschen allein
lebt der Mensch.

Nicht von sich allein
lebt der Mensch,
sondern von jedem Wort,
das ihm zukommt.

Nicht von sich allein
lebt der Mensch,
sondern von jeder Hand,
die ihm gereicht wird.

Nicht von sich allein
lebt der Mensch,
sondern von jedem Engel,
der ihm begegnet.

Martin Gutl

Die Gewissheit ist felsenfest:
Wenn der Augenblick gekommen ist,
wird die Nacht zerreißen
und das Morgenrot wieder hervorbrechen.
Möge die Morgenröte kommen
und eines Tages unser Tod,
Anbruch eines neuen Lebens.

Roger Schutz

Dann sprach Almitra: Wir möchten nun nach dem Tod fragen.
Und er sagte:
Ihr möchtet das Geheimnis des Todes
kennenlernen.
Aber wie werdet ihr es finden,
wenn ihr es nicht im Herzen
des Lebens sucht?
Die Eule, deren Nachtaugen am Tag
blind sind,
kann das Mysterium des Lichts
nicht entschleiern.
Wenn ihr wirklich den Geist des Todes
schauen wollt,
öffnet eure Herzen weit
dem Körper des Lebens.
Denn Leben und Tod sind eins,
so wie der Fluss und das Meer eins sind.
In der Tiefe eurer Hoffnungen und Wünsche
liegt euer stilles Wissen um das Jenseits;
und wie Samen,
der unter dem Schnee träumt,
träumt euer Herz vom Frühling.

Traut den Träumen,
denn in ihnen ist das Tor zur Ewigkeit verborgen.
Eure Angst vor dem Tag
ist nichts als das Zittern des Hirten,
wenn er vor dem König steht,
der ihm zur Ehre die Hand auflegen wird.
Freut sich der Hirte
unter seinem Zittern nicht,
dass er das Zeichen des Königs tragen wird?
Doch gewahrt er sein Zittern nicht viel mehr?
Denn was heißt sterben anderes,
als nackt im Wind zu stehen
und in der Sonne zu schmelzen?
Und was heißt nicht mehr zu atmen anderes,
als den Atem von seinen rastlosen Gezeiten zu befreien,
damit er emporsteigt und sich entfaltet
und ungehindert Gott suchen kann?
Nur wenn ihr vom Fluss der Stille trinkt,
werdet ihr wirklich singen.
Und wenn ihr den Gipfel des Berges erreicht habt,

dann werdet ihr anfangen zu steigen.
Und wenn die Erde eure Glieder fordert,
dann werdet ihr wahrhaft tanzen.

Khalil Gibran

Keine Heiligengestalt der Kirche ist in so vielen Lebenslagen, Gesichtszügen und Herzenshaltungen im Bild dargestellt worden wie Maria. Maria als das Urbild des wahrhaft glaubenden Menschen hat die Künstler aller Zeiten immer inspiriert. Sie stellen dar, wie das Evangelium die Gottesmutter schildert. Maria, die Ja sagt zur Botschaft des Engels in Nazareth, ohne zu wissen, was das für ihr Leben bedeutet und wie das ihr Leben grundlegend verändert – Maria, die den Sohn des lebendigen Gottes wie eine lebendige Monstranz in ihrem Schoß trägt, die unter dem Kreuz von Golgota aushält und ihren toten Sohn in die Hände nimmt – Maria, die nach Ostern in der Mitte der Jünger weilt und mit ihnen zusammen betet um den Heiligen Geist – Maria weiß, was Leben ist, und sie weiß, wo wir unser Leben festmachen müssen, damit es uns zum Heil wird.

Die Gottesmutter zeigt uns, dass alles, was zwischen Leben und Tod liegt, zwischen

Freude und Schmerz, zwischen Hoffen und Bangen, mit Gott zu tun hat. Sie sagt uns: Erst wenn ihr das ganze Spektrum eures Lebens Gott anvertraut, geht euch der tiefere Sinn und die Erfüllung eures Lebens auf. Denn Leben erfüllt sich, wo es zu Gott findet und in ihm seine Heimat hat.

Wilhelm Schraml

Ermunterung im Gebet

Alles, was zählt, ist dieser Augenblick. Das Vergangene ist vorbei, die Zukunft ist noch nicht da. Nur das Jetzt zählt. Alles Gute und auch das Schwierige, das ich erlebt habe, macht mich zu dem Menschen, der ich jetzt bin. Jesus, führe mich auf dem Weg deiner Liebe, deiner Hoffnung, dass ich, so wie ich bin, Geschenk sein kann für andere. Erneuere die Beziehungen zu meinen Mitmenschen, hilf mir, stets neu zu beginnen, wenn ich Fehler mache und verletze. Ich danke dir, dass du mich immer mit barmherzigen Augen siehst. Gib auch mir diese Augen für andere und für mein eigenes Leben. Stärke mich, erfülle mich mit Freude und innerem Frieden, denn du bist der Gott, auf den ich baue. Amen.

Mögen die Engel Gottes
immer mit dir sein,
dich schützend begleiten
auf dem Weg durch den Tag,
vom ersten Hahnenschrei
bis zum Aufzug des Mondes,
auf dem Weg durch das Jahr,
vom Aufblühen der Knospen
bis zur Ernte,
auf dem Weg durch das Leben,
vom Kind bis zum Greis.

Du hast dich für uns dahingegeben;
wir stehen dir ganz zur Verfügung,
um von dir in Besitz genommen zu werden,
damit wir dich besitzen können;
um alles zu empfangen, was du uns gibst,
um mit einem großen Lächeln
alles zu geben, was du verlangst;
damit du dich unserer bedienst
nach deinem Belieben,
ohne uns vorher zu Rate zu ziehen;
um dir im reinen Glauben
unseren freien Willen anzubieten,
unseren Verstand, unser ganzes Leben,
damit du denken kannst mit unserem Geiste,
Werke vollbringen kannst
mit unseren Händen,
lieben kannst mit unserem Herzen.

Mutter Teresa

Mache,
dass ich danach trachte
zu trösten,
statt getröstet zu werden,
zu verstehen,
statt verstanden zu werden,
zu lieben,
statt geliebt zu werden.
Denn wir können
nur empfangen,
wenn wir geben.

Franz von Assisi

Segen sei mit dir.
Der Segen des strahlenden Lichtes,
Licht sei um dich her
und innen in deinem Herzen.
Sonnenschein leuchte dir
und erwärme dein Herz,
bis es zu glühen beginnt
wie ein großes Torffeuer,
und der Fremde tritt näher,
um sich daran zu wärmen.

Aus deinen Augen strahle gesegnetes Licht
wie zwei Kerzen
in den Fenstern deines Hauses,
die den Wanderer locken,
Schutz zu suchen vor der stürmischen Nacht.

Mein Kind!
Der Herr sei vor dir,
um dir den rechten Weg zu weisen.
Der Herr sei neben dir,
um dich in die Arme zu schließen,
um dich zu schützen vor aller Gefahr.
Der Herr sei hinter dir,
um dich zu bewahren
vor der Heimtücke böser Menschen.
Der Herr sei in dir,
um dich zu trösten,
wenn du traurig bist.
Der Herr umgebe dich
wie eine schützende Mauer,
wenn andere dir Böses wollen.
Der Herr sei über dir,
um dich zu segnen.
So segne dich der gütige Gott –
Heute und morgen und allezeit.

Hl. Patrick von Irland

Quellenverzeichnis

Der Verlust

Peter Hahne, Wie Gott tröstet, aus: *Ders.*: Leid: Warum lässt Gott das zu? 3. Auflage, Verlag der St.-Johannis-Druckerei, Lahr/Schwarzwald, 2007, S. 50-51;

Margaret Fishback Powers, Spuren im Sand: © Rechte liegen bei der Autorin, 1964. Übersetzt von Eva-Maria Busch, Copyright © der deutschen Übersetzung 1996 Brunnen Verlag Gießen;

Andreas Pohl, … dann wirst du das Gefühl der Leere kennen, aus: *Ders.*: Wenn du Gott einlässt in dein Leben. Fotos und Meditationen zu Texten der Bibel. © St. Benno-Verlag, Leipzig 2003. S. 24;

Hermann Multhaupt, Viele Menschen trifft das Schicksal …, aus: *Ders.*: Die Quelle des Glücks. Fotos & Meditationen zur Lebensregel von Baltimore. © St. Benno-Verlag, Leipzig 2005, S. 22;

Karl Kardinal Lehmann, „Ich bin immer bei dir", aus: *Ders.*: Die Hoffnung finden. Gedanken zur Osterzeit. © St. Benno-Verlag, Leipzig 2005, S. 10;

Reinhard Körner, „Schaut nicht auf das Kreuz!", aus: *Ders.:* Unterwegs mit dir, Jesus. Ermutigungen zur Nachfolge. © St. Benno-Verlag, Leipzig 2007, S. 182;

Anselm Grün, Viele überspringen heute die Trauer, aus: *Ders.:* Leben aus dem Tod, S. 56. Münsterschwarzacher Kleinschriften 92. © Vier-Türme-Verlag Münsterschwarzach 1995;

Hans Magnus Enzensberger, Die Grablegung, aus: *Ders.*: Kiosk. Neue Gedichte, © Suhrkamp Verlag, Frankfurt am Main 1995;

Dietrich Bonhoeffer, Jedem von uns ..., aus: *Ders.*: Barcelona, Berlin, Amerika 1928-1931, © by Gütersloher Verlagshaus, Gütersloh, in der Verlagsgruppe Random House GmbH, München;

Joachim Kardinal Meisner, Wir stoßen in den Himmel vor ..., aus: Auf dem Weg zum Licht 2005. Spirituelles Lesebuch für die Advents- und Weihnachtszeit, © St. Benno-Verlag, Leipzig, S. 139ff.;

Phil Bosmans, Trost ist wie eine lindernde Salbe ..., aus: *Ders.:* Vergiss die Freude nicht, S. 59. Aus dem Niederländischen übertragen und überarbeitet von Ulrich Schütz, S. 87. © Verlag Herder GmbH, Freiburg im Breisgau, 59. Gesamtauflage 2009;

Andreas Pohl, ... dann wirst du die dunkle Nacht erfahren, aus: *Ders.*: Wenn du Gott einlässt in dein Leben. Fotos und Meditationen zu Texten der Bibel. © St. Benno-Verlag, Leipzig 2003, S. 26;

Bischof Dr. Joachim Wanke, Predigt im Erfurter Dom, 25.12.2003;

Bischof Dr. Gerhard Feige, Predigt zur Amtseinführung, aus: Gerhard Feige, Übergänge gestalten, Magdeburg 2005, S. 10-15;

Peter Hahne, Gott speist uns nicht ..., aus: *Ders.*: Leid: Warum lässt Gott das zu? 3. Auflage, Verlag der St.-Johannis-Druckerei, Lahr/Schwarzwald, 2007, S. 52;

Bischof Dr. Gebhard Fürst, Predigt am 11.4.2004 in Stuttgart, St. Eberhard;

Andreas Pohl, ... dann wird er zu dir sprechen, aus: *Ders.*: Wenn du Gott einlässt in dein Leben. Fotos und Meditationen zu Texten der Bibel, St. Benno Verlag, Leipzig 2003, S. 6;

Reinhard Körner, Entweder es ist kein Gott, aus: *Ders.*: Unterwegs mit dir, Jesus. Ermutigungen zur Nachfolge. © St. Benno-Verlag, Leipzig 2007, S. 183;

Aufbrechende Gefühle

Antje Sabine Naegeli, Es kann geschehen ..., aus: *Dies.*: Zeit der Trauer, © Rechte bei der Autorin;

Sascha P. Veitl, Warum ist das gescheh´n ..., aus: *Ders.*: Alles wird gut, S. 334. © Verlag Herder, Freiburg im Breisgau 2002;

Bischof Dr. Alois Schwarz, Predigt in Maria Wörth im Rahmen der Marienschiffsprozession 2005;

Pierre Stutz, Der Tod trifft dich .., aus: *Ders.*: Engel des Trostes wünsche ich dir, S. 17. © Verlag Herder GmbH, Freiburg im Breisgau 2008;

Andreas Pohl, Manchmal fühlst du dich wie im Gefängnis, aus: *Ders.*: Wenn du Gott einlässt in dein Leben. Fotos und Meditationen zu Texten der Bibel, St. Benno-Verlag, Leipzig 2003, S. 14;

Peter Hahne, Auch im Leid ..., aus: *Ders.*: Leid: Warum lässt Gott das zu? 3. Auflage, Verlag der St.-Johannis-Drukkerei, Lahr/Schwarzwald, 2007, S. 74;

Henri J. Nouwen, Oft erfahren wir ..., aus: *Ders.*: Leben hier und jetzt, HERDER spektrum Bd. 5570. Aus dem Amerikanischen von Franz Johna, S. 380. © Verlag Herder GmbH, Freiburg im Breisgau, 2. Auflage 2008;

Dietrich Bonhoeffer, Von guten Mächten ..., aus: *Ders.*: Widerstand und Ergebung, © by Gütersloher Verlagshaus, Gütersloh, in der Verlagsgruppe Random House GmbH, München;

Andreas Pohl, Wenn du Gott ..., aus. *Ders.*: Wenn du Gott einlässt in dein Leben. Fotos und Meditationen zu Texten der Bibel, © St. Benno-Verlag, Leipzig 2003, S. 4;

Peter Hahne, Die anklagende Frage, aus: *Ders.:* Leid: Warum lässt Gott das zu? 3. Auflage, Verlag der St.-Johannis-Druckerei, Lahr/Schwarzwald, 2007, S. 65;

Uwe Seidel, Mein Schutzengel, aus: Michael Blum / Uwe Seidel, Das kleine Engelbuch. S. 6f., 2005/10, © tvd-Verlag Düsseldorf, 1996;

Bischof em. Dr. Anton Schlembach, Predigt am Ostersonntag 2004;

Suchen und Finden

Hermann Multhaupt, Es gibt Erfahrungen..., aus: *Ders.*: Möge ein Engel deinen Weg begleiten, © St. Benno-Verlag, Leipzig 2003;

Peter Hahne, Unser Leben, aus: *Ders.*: Leid: Warum lässt Gott das zu? 3. Auflage, Verlag der St.-Johannis-Druckerei, Lahr/Schwarzwald, 2007, S. 64;

Henri J. M. Nouwen, Trauern ..., aus: *Ders.*: Leben hier und jetzt, HERDER spektrum Bd. 5570. Aus dem Amerikanischen von Franz Johna, S. 259. © Verlag Herder GmbH, Freiburg im Breisgau, 2. Auflage 2008;

Reinhard Körner, Vor Gott darf ich sein ..., aus: *Ders.*: Geistlich leben. Von der christlichen Art Mensch zu sein. © St. Benno-Verlag, Leipzig 1997, S. 48/50;

Karl Kardinal Lehmann: Predigt am Gründonnerstag, 24. März 2005, im Mainzer Dom.
Sigrid Berg, Mit Engeln durchs Jahr. Kösel-Verlag in der Verlagsgruppe Random House, München 1998;
Andreas Pohl, Wenn du Gott …, aus: *Ders.:* Wenn du Gott einlässt in dein Leben. Fotos und Meditationen zu Texten der Bibel. © St. Benno-Verlag, Leipzig 2003, S. 2;
Bischof Dr. Joachim Wanke, Predigt zur Jugendwallfahrt am 14.5.2000;
Reinhard Körner, Ich glaube an die Auferstehung …, aus: *Ders.:* Mein Glaubensbekenntnis. Mit Bildern von Sieger Köder. © St. Benno-Verlag 2008, S. 82/84;
Bischof Dr. Klaus Küng, Predigt zum Ostersonntag 2005;
Antje Sabine Naegeli, Im Erfahren der Brüchigkeit …, aus: *Dies.*: Zeit der Trauer, © Rechte bei der Autorin;
Karl Kardinal Lehmann, Man kann immer wieder lesen …, aus: *Ders.:* Die Hoffnung finden. Gedanken zur Osterzeit, St. Benno-Verlag, Leipzig 2005, S. 12;
Christoph Kardinal Schönborn, Gedanken zum Dreifaltigkeitssonntag – Lesejahr A;
Bischof Dr. Joachim Wanke, Predigt zur Männerwallfahrt zum Klüschen Hagis, 20.5.2004;
Reinhard Körner, Warum ich …, aus: *Ders.*: Wer bist du, Jesus? Einübung in die Kernfrage des christlichen Glaubens. © St. Benno-Verlag, Leipzig 2000, S. 86;
Bischof Heinz Josef Algermissen, Bischofswort in: Bonifatiusbote, 31.10.2004;
Antoine de Saint-Exupéry, Ich bitte nicht um Wunder …, aus: *Ders.:* Die Stadt in der Wüste. © 1956 und 2009 Karl Rauch Verlag, Düsseldorf;

Ein Neubeginn

Phil Bosmans, Neu bist du …, aus: *Ders.*: Blumen des Glücks musst du selbst pflanzen. Aus dem Niederländischen übertragen und überarbeitet von Ulrich Schütz, S. 87. © Verlag Herder GmbH, Freiburg im Breisgau 2008;

Andreas Pohl, Wenn du Gott …, aus: *Ders.*: Wenn du Gott einlässt in dein Leben. Fotos und Meditationen zu Texten der Bibel. St. Benno-Verlag, Leipzig 2003. S. 36;

Bischof em. Dr. Franz Kamphaus, Osterpredigt 1996;

Christa Spilling-Nöker, Mit den Engeln, aus: *Dies.:* Einfach mit guten Wünschen. © Verlag Herder, Freiburg im Breisgau 2003;

Bischof Dr. Klaus Küng, Predigt zur Familienwallfahrt auf den Sonntagberg, 11.6.2006;

Andreas Pohl, Wenn du Gott …, aus: *Ders.:* Wenn du Gott einlässt in dein Leben. Fotos und Meditationen zu Texten der Bibel. St. Benno-Verlag, Leipzig 2003, S. 12;

Hermann Hesse, Stufen, aus: *Ders.:* Sämtliche Werke, Band 10, © Suhrkamp Verlag Frankfurt am Main 2002;

Rainer Haak, Endlos scheint sich …, aus: *Ders.:* In Tagen der Trauer, S. 39 f. © Verlag Herder GmbH, Freiburg im Breisgau, 3. Auflage 2007;

Martin Gutl, Nicht vom Brot allein. © Karl Mittlinger.

Bischof Wilhelm Schraml, Predigt zum Fest Mariä Himmelfahrt 2005.

Folgende Übersetzungen biblischer Texte stammen von Prof. Dr. Augustinus Kurt Fenz OCist, Stift Heiligenkreuz: Mt 25,1-13; Psalm 13; 42; 70; 90; 91; 130.

Fotonachweis

Seite 10: © Davido/fotolia.com
Seite 12ff: © Alexander Meier/fotolia.com
Seite 61: © thepoeticimage/fotolia.com
Seite 70: © dkimages/fotolia.com
Seite 72ff: © zbb52318/fotolia.com
Seite 122: © marilyn barbone/fotolia.com
Seite 124ff: © Tinka/fotolia.com
Seite 182: © Lijuan Guo/fotolia.com
Seite 184ff: © Andriy Dykun/fotolia.com

Wir danken allen Inhabern von Text- und Bildrechten für die Abdruckerlaubnis. Der Verlag hat sich bemüht, alle Rechteinhaber in Erfahrung zu bringen. Für zusätzliche Hinweise sind wir dankbar.